Museumsausflüge in das Bergische Land und Oberbergische Land

Die 12 schönsten Tagesausflüge für die ganze Familie

Museen, Städte und Landschaft erleben

Eva Kistemann · Lenore Schäfer

Museumsausflüge in das *Bergische Land* *und Oberbergische Land*

J.P. BACHEM VERLAG

Titelabbildungen:
großes Bild: Schloss Homburg (Foto: L. Schäfer)

kleine Bilder von oben nach unten:
Müngstener Brücke (Foto: E. Kistemann)
Papierschöpfen in der Papiermühle Alte Dombach (Foto: E. Kistemann)
Historische Maschinen in der Textilfabrik Cromford
(Foto: LVR/RIM, Andreas Schiblon)

Die Deutsche Bibliothek – CIP-Einheitsaufnahme

Ein Titeldatensatz für diese Publikation ist bei der Deutschen Bibliothek erhältlich.

1. Auflage 2002

Umschlag- und Innengestaltung: Barbara Meisner, Düsseldorf
Litho: Reprowerkstatt Wargalla, Köln
Druck: Druckerei J. P. Bachem GmbH & Co. KG Köln
Printed in Germany
ISBN: 3-7616-1594-9

Inhalt

Museen im Bergischen und Oberbergischen Land – ein lohnenswertes Ausflugsziel!

Im Bergischen Land sind viele Museen in historischen Gebäuden eingerichtet, hier das Papiermuseum in Bergisch Gladbach.

Das Buch lädt Sie ein, in zwölf Tagestouren das Bergische und Oberbergische Land und seine Museen kennenzulernen. Mit viel Spaß können Sie dabei die Vielfalt der Museen und die Schönheit der Landschaft entdecken, die einen abwechslungsreichen Tag und einen gelungenen Ausflug garantieren.

Das Buch

Anhand eines Dutzend ausgewählter Museen wird die Vielfältigkeit der regionalen Museumslandschaft vorgestellt. Jedes Kapitel enthält die Beschreibung eines Tagesausflugs, die sich aus zwei Teilen zusammensetzt. Nach einer Kurzinfo mit praktischen Informationen über Öffnungszeiten, Service sowie Anreise zu dem jeweiligen Museum wird zunächst ein Rundgang durch das Museum beschrieben, der viele Informationen zur ständigen Ausstellung enthält. Anschließend folgt ein Vorschlag für einen Spaziergang im Umfeld des Museums, als Stadtrundgang oder kleine Wanderung. Dabei lernen Sie schöne Plätze und weitere Attraktionen vor Ort kennen. Tipps zu Freizeiteinrichtungen wie Schwimmbädern, Tierparks oder Spielplätzen und weitere mögliche Ausflugsziele runden den Tourenvorschlag ab.

Die Museen

Die Museumslandschaft im Bergischen und Oberbergischen Land ist äußerst vielfältig. Eine regionale Besonderheit ist die Vielzahl der

Industriemuseen. Die Auswahl in diesem Buch bietet zahlreiche unterschiedliche Themen an und erzielt eine weite geographische Streuung der Museen, damit Sie den Reiz des gesamten Bergischen und Oberbergischen Landes erleben können.

Von der Wupper im Norden bis zur Sieg im Süden thematisieren viele der ausgesuchten Museen die Gewerbegeschichte der Region.

Die Museen bieten viele Aktionen für Kinder an.

Seit dem Mittelalter haben die Menschen im Bergischen Land bereits die Kraft des Wassers zur Energiegewinnung genutzt. Lange bevor ihnen das Ruhrgebiet den Rang als Industrieregion ablief, wurden in unzähligen Mühlen und Hämmern Produkte wie Schießpulver, Papier und Schneidwaren hergestellt, die das Bergische Land bis weit ins Ausland bekannt machten, was wir heute noch in den Museen sehen können. Aber auch die Natur mit Tieren und Pflanzen, die Volkskunde mit Sitten und Bräuchen und wichtige historische Ereignisse kommen nicht zu kurz.

Die Landschaft

Das Bergische Land ist eine Mittelgebirgslandschaft, die vom Rheintal nach Osten stetig ansteigt. Die von Westen kommenden Wolken regnen sich an den Höhen ab, sodass auch die jährliche Niederschlagsmenge gen Osten immer höher wird. Bäche und Flüsse haben das Bergische Land zu einer schönen und abwechslungsreichen Landschaft mit vielen Bergen und Tälern geformt.

Weite Teile des Bergischen und Oberbergischen Landes locken als Naturpark Bergisches Land Erholungssuchende in die Region. In vielen Orten bestimmt der „Bergische Dreiklang", die Häuser in den Farben Schwarz-Weiß-Grün, das Bild der Gassen und einladenden Plätze.

Es lohnt sich, diese abwechslungsreiche Landschaft mit ihren Museen zu entdecken.

Wir wünschen Ihnen viel Spaß bei den Ausflügen!

Textilfabrik Cromford in Ratingen

Historische Spinnmaschinen in Aktion

Dieser Ausflug führt uns zu der ältesten Fabrik auf dem europäischen Kontinent. Ganz „ohne Menschenhände" wurde Ende des 18. Jahrhunderts in der Fabrik Cromford in Ratingen Baumwollgarn hergestellt. Die Baumwollspinnerei Brügelmann ist eine der letzten erhaltenen Fabriken aus den frühen Jahren des Industriezeitalters. Heute zum Museum ausgebaut, faszinieren detailgetreu nachgebaute, voll funktionsfähige Maschinen aus jener Zeit. Die Berichte über die damaligen Arbeitsverhältnisse machen jedoch besonders jugendliche Museumsbesucher betroffen, war doch Kinderarbeit lange Zeit auch bei Brügelmann üblich. Ein Rundgang durch den nahe gelegenen Freizeitpark „Blauer See" bietet eine Vielzahl an Attraktionen, vom Trampolin-Springen und Rudern bis zum Märchenzoo und Aufführungen auf einer Naturbühne.

1787 ließ der Fabrikant Brügelmann ein schlossähnliches Herrenhaus bauen.

Kurzinfo

Rheinisches Industriemuseum (RIM) Außenstelle Ratingen
Cromforder Allee 24 / 40878 Ratingen
Tel.: 02102-870309 / Fax: 02102-849720
Internet: www.rim.lvr.de

Öffnungszeiten: Di-So 10-17 Uhr
Eintritt: Erwachsene 3 €, Kinder 1,50 €
Gruppen: 2,50 /1 € pro Person, Familien 6 €
Museumspädagogische Angebote: auf Anfrage
Mit Fragebogen zu einer Museumsrallye durch die Textilfabrik Cromford

Museumsshop
Museumscafé

Infos über die Stadt Ratingen:
Kultur- und Verkehrsamt
Minoritenstr. 2-6 / 40878 Ratingen
Tel.: 02102-980 / Fax: 02102-98398
Internet: www.ratingen.de
E-mail: buero.buergermeister@ratingen.de

Anfahrt mit Bus und Bahn:
Von Düsseldorf-Hbf mit der S6 Richtung Essen bis Ratingen-Ost, dann mit der Buslinie 773 bis zur Haltestelle Blauer See. Von hier aus der Ausschilderung zum Industriemuseum folgen (ca. 5 Min.).

Anfahrt mit dem Auto:
Auf der A3 bis zur Abfahrt Ratingen/Düsseldorf/Flughafen, dann Richtung Ratingen fahren. In Ratingen folgen Sie der Ausschilderung „Blauer See" auf grünen Schildern, d.h. den Wilhelm-Ring nach rechts Richtung Rheinisches Industriemuseum Cromford fahren bis zum Parkplatz am Blauen See. Von hier aus gehen Sie die Zufahrt wieder zurück bis zur Hauptstraße und überqueren diese nach einigen Metern links an der Querungshilfe. Anschließend weiter dem ausgeschilderten Fußweg zum Museum folgen.

In einer Zeit, in der in mühevoller Handarbeit Wolle und Baumwolle zu Garn versponnen wurde, war es wohl **Werksspionage**, durch die Johann Gottfried Brügelmann hinter das **Geheimnis der maschinellen Baumwollverarbeitung** kam – bis hin zum maschinellen Spinnen der Baumwolle. Er ließ die von Richard Arkwright entwickelten modernsten Maschinen seiner Zeit, die in der Nähe von Manchester in der Spinnerei Cromford Mill im Einsatz waren, für seine Fabrik nachbauen. Als die Produktion 1783/84 in Ratingen anlief, nannte Brügelmann seine Fabrik daher Cromford. Der ausgeschilderte Fußweg vom Parkplatz zum Museum führt heute durch eine Wohnsiedlung, in der noch die ersten Gebäude dieser Fabrik zu entdecken sind.

Die „Hohe Fabrik" mit Resten des Kanalsystems im Vordergrund.

Eine Lindenallee wird rechterhand von historischen **Arbeiterhäusern gesäumt**, in denen sich heute allerdings moderne Wohnungen befinden. Am Ende der Allee erhebt sich mit vorgelagerten ornamenthaften Buchsbaumflächen das **Herrenhaus Cromford**.

Als die Fabrik 1977 stillgelegt wurde, schien das einmalige Ensemble von Fabrikgebäuden, Herrenhaus und Arbeiterhäusern der Abrissbirne preisgegeben zu sein. Aber es kam anders: Der Landschaftsverband Rheinland baute die ehemalige Baumwollspinnerei zu einem der sechs Rheinischen Industriemuseen aus. So konnte diese **einzigartige frühindustrielle Fabrikanlage der Textilindustrie** zumindest in Teilen erhalten bleiben, wenngleich die zahlreichen Fabrikhallen mit ihren Sheddächern einer Wohnbebauung weichen mussten. Es entstand das **Rheinische Industriemuseum, Textilfabrik Cromford**.

Die große Toreinfahrt rechts neben dem Herrenhaus führt zum historischen, fünfstöckigen Fabrikgebäude, genannt **„Hohe Fabrik"**, das 1795 nach englischen Vorbildern gebaut wurde. Hier befindet sich der Museumseingang.

Das hölzerne Wasserrad treibt über Transmissionen die Maschinen an.

Im ersten Ausstellungsraum zieht ein großes **hölzernes Wasserrad** von nahezu 5 Metern Durchmesser alle Blicke auf sich. Über Transmissionen treibt es unterschiedliche Maschinen in mehreren Stockwerken an.

Die **Entwicklung der Energienutzung durch den Menschen** ist eines der Themen dieses Raumes, vom Pferdegöpel über die Windenergie bis zur **Nutzung von Wasserkraft**. Letztere wird in diesem Museum demonstriert, wenngleich das Wasserrad heute von Strom angetrieben wird und nur einen Bruchteil der historischen Leistung bringen darf.

Bei einem Rundgang durch das Museum können die wichtigsten **Entwicklungsschritte der Spinnmaschinen** nachvollzogen werden. Als der Landschaftsverband Rheinland sich 1984 entschloss, dieses Museum einzurichten, existierte in Ratingen keine der alten Maschinen mehr. In England standen nur funktionsuntüchtige Originalmaschinen im Museum. Der englische Uhrmacher und Feinmechaniker Charles Haycock hat die Maschinen nach den alten Vorbildern nachgebaut, und so können in Ratingen, weltweit einzigartig, die von Richard Arkwright entwickelten Spinnmaschinen in Betrieb vorgeführt werden. Wie vor zwei Jahrhunderten wird hier „ohne Menschenhände" Baumwolle gesponnen.

Zwei dieser Entwicklungen sind direkt neben dem Wasserrad zu bewundern. Beim Spinnen mit der Spindel oder dem Spinnrad konnte nur jeweils ein Faden gefertigt werden. Die 1760 von James Hargraves konstruierte Maschine **Spinning Jenny** lieferte gleichzeitig acht Fäden weiches Schussgarn. Mithilfe eines ausziehbaren Wagens wird das Vorgarn von den Spulen abgerollt, fixiert, durch weiteres Ausfahren des Wagens verzogen und durch die rotierenden Spindeln verdreht. Beim Einfahren des Wagens wird das Garn auf die Feinspindeln gewickelt. Als Hargraves die Spinning Jenny später auf bis zu 160 Spindeln vergrößerte, war der notwendige Kraftaufwand zum Ein- und Ausfahren des Wagens so groß, dass nur noch Männer diese Arbeit machen konnten.

Diese Waterframe-Feinspinnmaschine ist ein Nachbau des englischen Originals.

Am Ende des Raumes steht der Nachbau einer **Feinspinnmaschine für Baumwolle**, die mit Wasserkraft angetrieben wurde, **genannt Waterframe**. Das Vorbild stand 1771 im englischen Cromford. Der Spinnmechanismus besteht aus einem Streckwerk mit drei Walzenpaaren, die das Vorgarn verziehen, und einer Flügelspindel, die den Faden verdreht und auf eine Spule wickelt. Mit der Waterframe konnte erstmals kontinuierlich und auf vielen Spindeln gleichzeitig festes Baumwollgarn gesponnen werden, das sich beim Weben auch als Kettgarn eignete. Es ist faszinierend, dieses hölzerne Wunderwerk der Technik in Betrieb zu erleben, vom Wasserrad über Transmissionen angetrieben.

Wer verwundert die Kanzel in einer Ecke des Raumes betrachtet, erfährt, dass sie den Beginn dieser Fabrik in der verarmten Ackerbürgerstadt Ratingen im Herzogtum Berg symbolisiert. Der Fabrikant Brügelmann hatte damals den Landesherrn auf seiner Seite: Er erhielt für 12 Jahre das **Privileg**, als einziger Fabrikant in Jülich-Berg

eine moderne Spinnerei zu betreiben. Verordnungen sorgten für die Einhaltung dieses Privilegs, und die wurden von den Kanzeln verlesen.

Mit den Kopfhörern, die neben der Kanzel an der Wand hängen, kann man ein **Einstellungsgespräch belauschen**, wie es sich in der damaligen Fabrik Cromford hätte abspielen können. Die jungen Museumsbesucher werden mit Erstaunen feststellen, wie jung die Arbeiter in dieser Fabrik waren. Ein 19jähriger Mann und seine beiden elf- und achtjährigen Schwestern wollen hier anfangen zu arbeiten. Der Fabrikant Johann Gottfried Brügelmann erläutert ihnen ihre Rechte, aber vor allem auch ihre Pflichten. **Bei Brügelmann haben viele Kinder gearbeitet**, war ihre Arbeitskraft doch billiger als die der Eltern. Im zweiten Stockwerk wird das Thema Arbeitsbedingungen und die „Dressur des Arbeiters" ausführlich behandelt.

Wir gehen aber zunächst in den ersten Stock des Museums. Hier zeigt ein Videofilm, wie die **Nachbauten der historischen Maschinen** in den 1990er Jahren entstanden sind. Wie sie funktionieren, kann man gleich nebenan bewundern. Aber dass diese freundlich hellen, sauberen Räume, in denen sie stehen, nicht den **Arbeitsbedingungen des 18. Jahrhunderts** entsprechen, erfährt man hier auch. Heiß, staubig, eng und gefährlich war es in den Baumwollspinnereien. Damit die Baumwolle leichter verarbeitet werden konnte, herrschte feuchtwarme Luft. Überall war leicht entzündlicher Baumwollstaub. Die

Karikatur der Arbeitsbedingungen in englischen Fabriken.

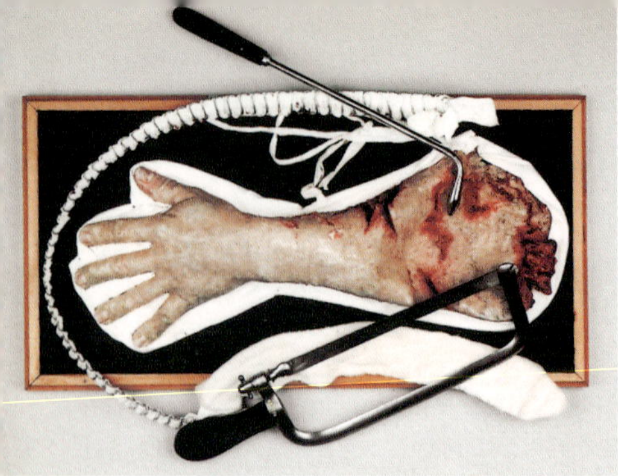

Die Wachsnachbildung eines Arbeitsunfalls mit dem Amputationsbesteck aus der Zeit um 1850 lässt den Betrachter erschaudern.

Maschinen standen dicht an dicht und machten einen Höllenlärm. Das **Modell von einem verletzten Arm** macht die Gefahren dieser Arbeitsbedingungen besonders anschaulich. Erst 100 Jahre nach Gründung der Fabrik Cromford bot eine gesetzliche Kranken- und Unfallversicherung den Arbeiterinnen und Arbeitern mehr Schutz und Sicherheit.

Das große Thema auf dieser Etage aber ist es, den Weg **von der Baumwolle bis zum Garn**, von der Handspindel bishin zu den unterschiedlichen Maschinen und zur industriellen Massenproduktion aufzuzeigen.

Auf großen Karten wird dargestellt, wie der **Baumwollhandel um 1800** aussah. An der linken Wand ist der Weg der Baumwolle von der **Aussaat bis zur Verschiffung** im Hafen von New Orleans nachzuvollziehen. In Schubfächern befinden sich alte Stiche, die dieses Thema behandeln. Verschifft wurde die Baumwolle in großen, gepressten Ballen – einen solchen 270 kg schweren **Original-Baumwollballen** kann man hier im wahrsten Sinne des Wortes „begreifen".

Wir erfahren von den Unterschieden, die es bei dem Rohstoff Baumwolle gibt. Je nach Herkunft sind die Fasern verschieden lang. Auf der Waterframe konnte nur langstapelige Baumwolle versponnen werden, die Mule, die im zweiten Stock zu sehen ist, war in der Lage, lang- und kurzstapelige Fasern zu verarbeiten. Für eine gute Garnqualität mussten die Maschinen ganz genau

Die Lunte verlässt die Feinkarde als loses Vorgarn.

auf die Eigenschaften der Baumwolle eingestellt werden.

An der Spinning Mule gab es mehrere Kinderarbeitsplätze.

Mitten im Raum stehen Maschinen, die für die einzelnen Arbeitsschritte auf dem Weg zum Garn erforderlich waren: Am **Schlagtisch** wird die Baumwolle aufgelockert und gereinigt. Die **Grobkarde** richtet die Baumwollfasern aus, sodass ein gleichmäßiges Watteband aus Rohbaumwolle entsteht. In der **Feinkarde** wird dieses Watteband anschließend weiterbearbeitet zu einem losen **Vorgarn**, der Lunte. Mit der so genannten **Laternenbank** werden Unregelmäßigkeiten ausgeglichen, und das Vorgarn wird durch unterschiedlich schnell laufende Walzenpaare noch einmal gestreckt.

Auch diese Maschinen werden über Transmissionen vom Wasserrad angetrieben, den Besuchern in Aktion gezeigt und dabei genau erläutert. Das fertige Garn wird schließlich gehaspelt und für den Verkauf abgepackt. Die Stärke des Garns rechnete man nach den Umdrehungen, die die Haspel machen musste, um das Gewicht von einem englischen Pfund, 545 Gramm, zu erreichen.

Im zweiten Stock zieht die **Spinning Mule** alle Blicke auf sich. Die hier ausgestellte Maschine ist kein Nachbau, mit ihr wurde schon von 1845 bis 1990 in Tirol Schafwolle gesponnen. Erfunden wurde die Mule um 1775 in England. Sie hat ein Walzenstreckwerk wie die Waterframe und einen ausziehbaren Spindelwagen wie die Spinning Jenny. 1808 liefen bei Brügelmann mehrere Mules mit jeweils 168 Spindeln, spätere Modelle hatten sogar 300. **An jeder Mule arbeiteten** neben dem Maschinenspinner **jeweils 2-3 Kinder**. Sie wechselten Spulen aus, knüpften gerissene Fäden an oder kehrten den Baumwollstaub zusammen. Oftmals waren die Kinder die Ernährer der Familien, da sie die billigeren Arbeitskräfte waren.

Gesellschaftskleider aus der Zeit des Biedermeier.

1779 waren 3/4 der 226 Beschäftigten der Firma Brügelmann Kinder im Alter von sechs bis sechzehn Jahren! Ausstellungstafeln, Bücher und Originaldokumente in Schubfächern geben Aufschluss darüber, wie das **Leben der Arbeiter in Cromford** aussah. Auch als 1825 im Rheinland die allgemeine Schulpflicht eingeführt wurde, änderte sich diese Situation nur sehr langsam. Brügelmann richtete, wie viele andere Fabrikanten, eine **Fabrikschule** ein. Nahezu 100 Kinder erhielten pro Woche insgesamt sechs Stunden Unterricht und zwar in den Pausen des 12-stündigen Arbeitstages. Die Bezahlung des Unterrichts mussten die Kinder abarbeiten. Erst das **Kinderschutzgesetz von 1853** änderte diese Praxis. Als das Mindestalter der Arbeiter auf 12 Jahre festgelegt wurde und unter 14jährige bei drei Unterrichtsstunden pro Tag maximal sechs Stunden arbeiten durften, wurden die Kinder den Fabrikanten zu teuer und sie stellten ältere Arbeiter ein.

Wer möchte, kann sich die **Fabrikgesetze**, die Moritz Brügelmann am 1. Januar 1854 verfasste, hier ganz genau zu Gemüte führen. Sie verkünden die Arbeitspflichten und die Strafen bei Verstoß, die hier vor knapp 150 Jahren galten. Aber in diesem Raum gibt es noch mehr zu entdecken. **Bildsequenzen von Kinderarbeit** werden gezeigt, Kopfhörer an der Mule entführen die Besucher in **Klangwelten**. In einem **Modell** wird die **Fabrik Cromford** zur Zeit der Frühindustrialisierung gezeigt, umflossen vom Angerbach inmitten unbebauter Landschaft, in der Stauteiche und Kanäle es ermöglichten, die Wasserkraft zu regulieren.

Das Garn, das hier in Ratingen hergestellt wurde, benutzte man zum Strümpfe-Wirken, Bandweben und Weben. Ein vielfältiges, buntes Sortiment verschiedener Baumwollstoffe aus dem Bergischen Land kann betrachtet und auch befühlt werden. In Vitrinen sind Beispiele für die Mode des 19. Jahrhunderts zu sehen, als die Kleidung noch ein wertvoller Besitz war.

Die oberen Stockwerke der „Hohen Fabrik" sind Wechselausstellungen vorbehalten, sodass das Museum den Besuchern immer wieder Neues bietet. Neben der Kasse und dem Museumsshop steigen wir hinunter ins einstige **Radhaus**, das um 1850 zwischen der „Hohen Fabrik" und den Arbeiterhäusern gebaut wurde. Heute erhält man hier Informationen über die **Industriearchäologie**.

Im **Herrenhaus Cromford**, in dessen Erdgeschoss sich auch das **Museumscafé** befindet, werden das wirtschaftliche Denken und Handeln dreier Generationen der **Unternehmerfamilie Brügelmann** in den einzelnen Räumen dargestellt. Wir lernen den Gründer **Johann Gottfried Brügelmann** kennen, als Kaufmann im Vorstand der Kaufmannschaft, als Politiker und als Bürger. Wir erfahren etwas über das Leben von **Sophie Brügelmann**, seiner Schwiegertochter, die nach dem frühen Tod ihres Mannes **Johann Gottfried Brügelmann junior** für ihre minderjährigen Kinder die Geschäfte der Firma übernahm, diese weiter ausbaute und sich neben vielen anderen Aktivitäten in Düsseldorf in der Kunstförderung engagierte. Auch wie die Situation der rheinischen Baumwollfabriken während der Franzosenzeit aussah, wird hier thematisiert.

Johann Gottfried Brügelmann (1750-1802)

In dritter Generation übernahm 1837 **Moritz Brügelmann** die Fabrik und baute Cromford zu einer der modernsten Fabriken des Rheinlands aus. Ein Thema seiner Zeit war die **Weltausstellung in London**. Sie hatte 1851 vielen deutschen Industriellen gezeigt, dass die englischen Produkte den ihren in Qualität und Quantität überlegen waren. Mit Kopfhörern kann man dem nachgestellten Gespräch mehrerer Fabrikanten lauschen, die auf der Rückfahrt mit dem Dampfschiff von London nach Rotterdam das Für und Wider der Herstellung von Stof-

Der Gartensaal mit Stuckdecke, großen Landschaftsgemälden, Spiegeln und imposantem Kronleuchter zeugt vom Lebensstil der Fabrikantenfamilie.

fen auf Webmaschinen diskutieren. Um ihre heimischen Produkte konkurrenzlos zeigen zu können, organisierten sie 1852 eine viel beachtete **Gewerbeausstellung in Düsseldorf**.

Moritz Brügelmann erweiterte um 1850 die Fabrikanlage um mehrere eingeschossige Fabrikhallen mit Sheddächern, die Spinnerei und Weberei beherbergten. Geht man die reich geschnitzte Treppe nach oben ins erste Obergeschoss, so entdeckt man im Treppenhaus ein Modell dieser Fabrikanlage mit all ihren Gebäuden.

Daneben kann man hinter einer gewölbten Tür in einem multimedialen Computerspiel dem Geheimnis von Cromford auf die Spur kommen. Das Spiel animiert nicht nur junge Besucher zum Eintauchen in eine vergangene Welt.

Der prächtigste Raum des Cromforder Herrenhauses ist der für einen Bürgerlichen ungewöhnlich reich geschmückte **Gartensaal**. Er liegt, wie bei Landschlössern des Adels im 18. Jahrhundert üblich, im ersten Stock des Gebäudes und reicht über zwei Etagen. Hier demonstrierte die Familie Brügelmann den Gästen ihren Reichtum, ihren wirtschaftlichen Erfolg und ihren guten Geschmack. Von diesem Raum kann man seinen Blick über die Parkanlage vor dem Herrenhaus schweifen lassen, wo heute Bänke und ein kleiner Spielplatz zum Verweilen einladen.

Spaziergang durch den Freizeitpark Blauer See

Den Blauen See kann man mit Ruder-, Tret- und Elektrobooten erkunden.

Als Ziel eines Spaziergangs bietet sich vor allem im Sommerhalbjahr der **Freizeitpark Blauer See** an. Vom Parkplatz „Blauer See" sind es nur einige Meter nach rechts zum Eingang des Freizeitparks, der Eintritt ist frei. Vor ein paar Generationen wurde hier noch Kalkgestein gebrochen, bis eines Tages bei einer Sprengung eine Wasserader geöffnet wurde und der **Steinbruch** voll lief. Entstanden ist dadurch ein See in einer romantischen Felsenlandschaft, in der heute unter dem Motto „Naturpark – Familie – Erlebnis" eine abwechslungsreiche Vielzahl von Einrichtungen und Veranstaltungen für jung und alt angeboten wird.

Im Eingangsbereich laden verschiedene **gastronomische Betriebe** 1
zur Einkehr ein. In Sichtweite befindet sich neben einem **Kinder-** 2
spielplatz eine **Kindereisenbahn**. Mit **Ruder-, Tret- und Elektrobooten** 3
kann man auf dem See bis an die schroff aufragenden Kalkfelsen
fahren. Wenn man sich am Eingang rechts hält, führen ausgeschil-
derte Wege zum **Märchenzoo**. Zwischen den Darstellungen der ein- 4
zelnen Märchen kann man hier Tiere wie Affen, Meerschweinchen,
Esel, Ziegen oder Pfauen entdecken, und wer sich auf Knopfdruck al-
le Märchen anhören will, benötigt schon eine geraume Zeit, bis er

Minigolf ist nur eine unter vielen Attraktionen des Freizeitparks.

wieder den Ausgang erreicht.

Auf verschiedenen Wegen kann man nun den herrlichen **Wald** durchstreifen und erreicht schließlich die in Wald- und Felsengelände eingebettete **„Naturbühne Blauer See"**. Sie zieht alljährlich Tausende Menschen an zu den Ratinger Sommerspielen mit Theater-, Oper- oder Pippi Langstrumpf-Aufführungen.

5

6

Hinter der überdachten Zuschauertribüne vorbei führt der Weg dann wieder in den Wald. Biegt man an der nächsten Weggabelung
7 nach rechts, kommt man zu einem **Walderlebnispfad**, der auch an
8 einer Möglichkeit zum **Ponyreiten** vorbeiführt. Der Weg an der Gabelung nach links führt auf direkterem Weg Richtung Ausgang, vorbei
9 an weiteren Attraktionen wie **Minikarussell**, **Autoscooter** und **Go-Cart-Bahn**, **Minigolf** und **Trampolin-Springen**.

10 Von einer **Aussichtsplattform** aus hat man einen weiten Blick über den von Felsen umgebenen See. Bänke mit einem Panoramablick laden hier zum Picknick ein.

Tipp: Auch ein Ausflug in das Zentrum von Ratingen lohnt sich, das schon 1276 die Stadtrechte erhielt. Drei alte Wehrtürme und Teile der alten Stadtmauer sowie mittelalterlich anmutende Häuser um den Marktplatz laden hier zum Bummeln ein.

Nahezu alle sechs Wochen finden ab März an beiden Wochenendtagen Trödelmärkte am Blauen See statt.

Freizeitpark Blauer See
Zum Blauen See 20
40878 Ratingen
Tel.: 02102-86130 / Fax: 02102-861329
E-mail: BlauerSee.ratingen@t-online.de

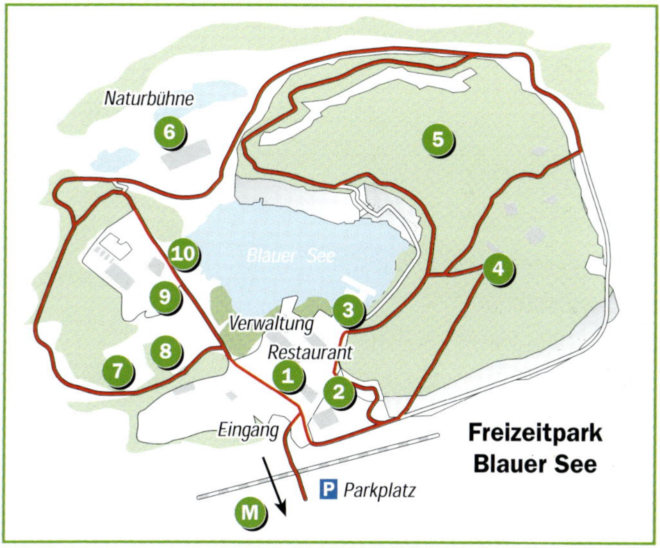

Neanderthal Museum in Mettmann

Die Entwicklung der Menschheit

Jäger und Sammlerin. Nachgestellte Szenen erzählen vom Alltag der Neanderthaler.

Im Neanderthal Museum entdecken wir die Geschichte der Menschheitsentwicklung, die dort in spannenden, muldimedialen Darstellungen von ihren Anfängen bis heute präsentiert wird.
Das Neanderthal selbst ist ein mystischer Ort. Die Düssel entlang wandernd, erleben wir ein schönes Tal mit Auerochsen und Wisenten, erklimmen die Höhe mit Fachwerkdorf und gehen durch das waldreiche Tal des Mettmanner Bachs wieder zurück zum Museum.

Kurzinfo

Neanderthal Museum
Talstraße 300 / 40822 Mettmann
Tel.: 02104-979797 / Fax: 02104-979796
E-Mail: museum@neanderthal.de
Internet: www.neanderthal.de

Geöffnet: Di-So 10-18 Uhr, Oster- und Pfingsmontag

Eintritt:
Familienkarte: 11 € / Erwachsene: 5,50 € / Kinder / Jugendliche / Ermäßigung: 3 €
Ermäßigung für Schulklassen und Gruppen ab 10 Personen.
Bitte melden Sie Gruppen rechtzeitig an, auch wenn keine Führung gebucht ist.

Service:
Gruppenführungen ab 38 € je nach Wochentag und Thema
Führungen um das Eiszeit-Wildgehege und das Naturschutzgebiet Neanderthal:
1,5-2 Std. 66 €
Vielfältiges didaktisches Programm für Schulklassen, Kurse in der Steinzeitwerkstatt (Faltblatt), Kindergeburtstage, Sommerfest mit vielen Mitmachaktionen

Anmeldung: Tel.: 02104-979797 / Fax: 02104-979796
E-Mail: fuehrung@neanderthal.de
Großer **Shop** mit Büchern zum Thema und Geschenken, **Café**

Stadt Mettmann „Neanderthalstadt"
Neanderstraße 85 / 40822 Mettmann
Tel. 02104-980121, Fax 02104-980129
E-Mail: presse@mettmann.de

Anfahrt:
Die ÖPNV-Anbindung ist sehr gut:
- ✘ Regio-Bahn S28 Kaarst – Düsseldorf - Mettmann, Haltestelle Neanderthal, 5 Minuten Fußweg
- ✘ S-Bahn Linie 8 Mönchengladbach–Düsseldorf–Hagen, Haltestelle Hochdahl, 10 Minuten Fußweg über einen gut ausgebauten Waldweg
- ✘ Buslinie 741 Rheinbahn AG Mettmann–Hilden, Haltestelle Neanderthal unmittelbar vor dem Museum
- ✘ Buslinie 743 Rheinbahn AG Mettmann–Erkrath, Haltestelle Neanderthal unmittelbar vor dem Museum

Anfahrt mit dem Auto:
Von Süden: A 3 > Kreuz Hilden > A 46 Ausfahrt Haan-West, R Mettmann, ab Millrath ausgeschildert; **von Norden**: A 3 Ausfahrt Mettmann, B7 durch Mettmann, ausgeschildert; **von Osten und Westen**: A 46 Ausfahrt Haan-West, R Mettmann, ab Millrath ausgeschildert. Achtung, am Wochenende angespannte Parkplatz-Situation.

Preisgekrönt als „Bestes Museum Europas" 1998.

Als **das neue Neanderthal Museum** im Jahr 1996 eröffnet wurde, sorgte es mit seiner avantgardistischen Architektur, die auf das innovative Museumskonzept mit seiner multimedialen Präsentation abgestimmt ist, für internationales Aufsehen. Belohnt wurden die Museumsmacher 1998 mit der begehrten Auszeichnung als „Bestes Museum Europas" des Europäischen Museumsforums.

Wie in einem Schneckenhaus oder auf einer spiralförmigen Bahn bewegen sich die Besucher hier durch sechs Themenbereiche immer weiter nach oben, von der Urgeschichte zur Zukunftsvision. Beim Entdecken werden alle Sinne angesprochen durch **Angebote zum Hören, Schauen, Begreifen oder „Surfen"** an den Computerstationen. An der Kasse bekommt jeder Besucher einen **Kopfhörer**, mit dem man sich in die zahlreichen Hörstationen einklinken kann, die individuell gestartet werden – es geht also immer gleich los.

Als erstes erfahren wir einiges über **ein Tal und sein Geheimnis**. Hier im Neanderthal fanden Arbeiter der Kalksteinbrüche im Jahr 1856 beim Ausräumen der nahen Feldhofer Grotte 16 Knochen, die eine wissenschaftliche Diskussion auslösten. Johann Carl Fuhlrott, Lehrer und Naturforscher aus Elberfeld (siehe Ausflug ins Fuhlrott-Museum, Wuppertal), erkannte sie als Teile eines menschlichen Skeletts, das außergewöhnlich kräftig und urtümlich erschien und von ihm der Eiszeit zugeordnet wurde. Ein anderer Experte schätzte den Fund jedoch irrtümlich falsch ein: Rudolf Virchow, berühmtester Mediziner seiner Zeit, war als Arzt auf die Pathologie spezialisiert, aber auch als Anthropologe und Politiker tätig. Ihm schienen die Knochen viel jünger, und er hielt sie einfach für krankhaft verändert. Diese Einschätzung verhinderte über Jahrzehnte, dass dem Fund die angemessene wissenschaftliche Bedeutung gegeben werden konnte.

Woher kommt der Mensch? Mit einer **Reise durch die Zeit** versucht das Museum, eine Antwort zu geben. Als Symbol für die verrinnende Zeit hilft uns zunächst eine große Sanduhr, die immens großen Zeitdimensionen zu verstehen. Ein fallendes Sandkorn steht für ein Jahr, 100 Körner rieseln in einer Sekunde herab. Fünf Minuten vor heute erschien der Neanderthaler auf der Erde, vor elf Stunden das erste menschliche Leben und vor 414 Tagen das erste Leben überhaupt.

Die Hörstationen und sehr anschaulich rekonstruierte Szenen vermitteln uns, wie sich vor 4 Millionen Jahren die ersten menschenähnlichen Wesen, die Hominiden, entwickelten. Bis die ersten von ihnen Stein als Material entdeckten, um daraus Werkzeuge herzustellen, vergingen noch rund 1,5 Millionen Jahre. Vor 2 Millionen Jahren entstand die erste Menschenart, der Homo erectus, der bereits mit Feuer umgehen konnte und gezielt jagte. Er verließ Afrika und besiedelte Europa und Asien. Erst vor 120.000 Jahren endete diese Phase der Menschheitsentwicklung. Der Neanderthaler ist in diese Zeit einzuordnen. Es ist sehr spannend, einmal seinen robusten

Die Sanduhr macht die verrinnende Zeit begreifbar.

Der Neanderthaler hatte einen kräftigeren Knochenbau als wir „modernen" Menschen.

Knochenbau mit dem eher grazil gebauten, „modernen" Menschentyp zu vergleichen. Dieser modernere Mensch tauchte immerhin auch bereits vor 40.000 Jahren auf und ist unser (direkter) Vorgänger, der Homo sapiens sapiens. Während der Eiszeit, unter ganz anderen Lebensbedingungen und in einer ganz anderen Umwelt, als wir sie heute kennen, verbreiteten sich die Menschen auf alle fünf Kontinente. Vor rund 10.000 Jahren entwickelten sie sich von Jägern und Sammlern zu sesshaften Bauern. Und erst in den vergangenen 100 Jahren entstand unsere heutige, städtische Zivilisation, deren Lebensweise das Gleichgewicht der Natur bedroht.

Leben und Überleben heißt es für die Menschheit seit 4 Millionen Jahren. Afrika ist die Wiege der Menschheit, und die Notwendigkeit, sich an die verändernden Umweltbedingungen dort anzupassen, brachte unsere Vorgänger, die aufrecht gehenden Hominiden, hervor. Denn mit der Entstehung des großen afrikanischen Grabens und der weltweiten Klimaänderung vor 15 Millionen Jahren verschwand in Ostafrika langsam der Regenwald, und es entstand die Savanne. Um zu überleben, mussten unsere Vorfahren die Bäume, auf denen sie lebten, verlassen und sich den Lebensbedingungen der Savanne anpassen. So entwickelten sie langsam den aufrechten Gang. Eine unterhaltsame Computer-Animation zeigt die Veränderung im Zeitraffer: Zunächst turnen noch viele rot dargestellte (Menschen-) Affen auf den Ästen der Regenwald-Bäume herum, dann lichtet sich die Vegetation, die Tiere verlassen die Bäume und indem sie Haltung und Verhalten ändern und auf zwei Beinen zu gehen beginnen, werden sie nun blau dargestellt, bis schließlich der typische Landschaftseindruck der Savanne mit wenigen Bäumen und sehr vielen blauen Menschen auf der Gras-Ebene bleibt. Eine einfache, aber wirkungsvolle Präsentation!

Typische Merkmale der Menschen, der „Homo"-Linien, waren ein gut entwickeltes Gehirn, der aufrechte Gang und eine höhere Körpergröße; das starke Gebiss entwickelte sich ebenso wie die Körperbehaarung allmählich zurück. Von ihren Vorgängern, den „Menschenähnlichen", unterscheiden sie sich dadurch, dass sie Werkzeuge aus Holz und Stein herstellten und verwendeten und dass sie sich intensiv um ihren Nachwuchs kümmerten. Diejenigen Vertreter ihrer Art, die in der Lage waren, sich den immer wieder ändernden Umweltbedingungen am besten anzupassen, hatten die besten Überlebenschancen, da sie sich besser ernähren konnten und normalerweise auch mehr Kinder bekamen – womit sich wiederum auch die erfolgreicheren Erbanlagen vermehrten.

Trotz interessanter Knochenfunde und vieler Forschungserfolge der Anthropologen gehört es noch immer zu den **Rätseln der Menschheitsgeschichte**, ob die Neanderthaler ausstarben oder ob ein Teil ihrer Erbanlagen an uns Europäer übergegangen ist. Auch ist noch unklar, ob es nur einen Ursprung des Homo sapiens sapiens, unserer Vorfahren also, gab oder mehrere.

Die **Weltbevölkerung** vermehrt sich immer rasanter: Lebten vor 100.000 Jahren nur etwa 2-3 Millionen Menschen auf der Erde, waren es vor 100 Jahren bereits 1,6 Milliarden, und im 21. Jahrhundert werden es 11 Milliarden sein.

Wie die Menschen lebten und überlebten, zeigen auch Exponate aus dem Bereich der Medizin: Schädeleingriffe aus dem Altertum; gebrochene Knochen, die im frühen Mittelalter noch gekonnt behandelt wurden, während andere Beispiel zeigen, dass im späten Mittelalter diese Kenntnisse offensichtlich verloren gegangen waren; Rückschläge durch die großen Seuchen im ausgehenden Mittelalter; Fortschritte in der Anatomiekenntnis; schließlich Hygiene und Impfungen und, ganz aktuell, die Gentechnologie – all das sind Wegmarken der Menschheitsentwicklung beim Versuch, Krankheiten zu besiegen und das Leben zu beeinflussen. Auch dieser Prozess ist in multimedialen Darstellungen nachvollziehbar.

Werkzeug und Wissen sind zentrale Bestimmungsfaktoren des menschlichen Daseins. Der Neanderthaler stellte Werkzeuge aus

hartem Gestein her, Faustkeile und Klingen. Damit konnte er Tiere zerlegen, Felle abziehen, Kleidung schneidern, Hütten bauen und wiederum andere Werkzeuge herstellen. Ein Film zeigt die ausgefeilte Levallois-Technik, bei der unterschiedliche Bearbeitungsschritte aufeinander folgten, die jede Schnittkante gestalteten und zu einer besseren Materialausbeute führten. (Mehr über Werkzeuge aus der Steinzeit kann man im Deutschen Werkzeugmuseum in Remscheid-Hasten erfahren.)

Wie mühsam es war, Getreide mit der Handmühle zu Mehl zu mahlen, können Kinder beim Sommerfest des Museums ausprobieren.

Auch bei diesem Thema wird der Bogen zu Gegenwart und Zukunft geschlagen: In der Ausstellung wird gezeigt, wie wissenschaftliche Erkenntnisse alte Weltbilder auf den Kopf stellten und Technik und Fortschrittsglaube seitdem unsere Gesellschaft bestimmen. Wird es zukünftigen Generationen gelingen, die Technik so zu optimieren, dass die Menschheit ihre natürlichen Lebensgrundlagen nicht unwiderruflich zerstört?

Als nächstes lassen wir uns unter fünf großen Ohren nieder und stimmen uns mit unterschiedlichen Texten, Schöpfungsmythen, auf das Thema **Mythos und Religion** ein. Die Neanderthaler waren die ersten Menschen, die ihre Toten beerdigten. Rätselhaft sind bis heute jedoch Schnittspuren auf den Schädelknochen der Bestatteten. Eine besondere Faszination üben immer wieder **steinzeitliche Höhlenbilder** aus. Im Museum ist eine Wand aus der berühmten Grotte Chauvet in Südfrankreich nachgebildet worden, an der Hörstationen die Vergangenheit lebendig werden lassen. Im Schein von Holzfackeln entstanden dort rund 300 Tierfiguren und geometrische Zeichen. In diesen Höhlen wurden Rituale vollzogen, auch mit Musik- oder Rhythmus-Instrumenten, wie Funde zeigen. Die **Bestattungsriten** früher Gesellschaften waren sehr unterschiedlich, mit riesigen Megalith-Anlagen oft auch unvorstellbar aufwändig. Viele Funde früherer Kulturen, die wir hier präsentiert bekommen, sind heute nicht mehr

Beim Museumsfest wird aus dem selbst gemahlenen Getreide Brot gebacken.

erklärbar, wie etwa Stonehenge, der mystische Steinkreis im Süden Englands. Weitere Hörstationen thematisieren die Weltreligionen Christentum, Judentum und Islam sowie die asiatischen Religionen.

Welche zentrale Bedeutung **Umwelt und Ernährung** für die Menschen hatten und haben, können wir auch an ihren Gesichtern ablesen: Der Australopithecus boisei ist wegen seines mächtigen Kiefers als **Nussknacker-Mensch** in die Fachliteratur eingegangen. Vom Vegetarier entwickelte sich der Mensch zum Jäger und Fleisch-Verzehrer, der seine Nahrung durch Kochen, Dünsten und Braten weicher und genießbarer zubereitete. Im Laufe der Zeit bildete sich daher der Kiefer immer stärker zurück – heute haben oft nicht einmal mehr alle 32 Zähne Platz, sodass uns die Weisheitszähne häufig Probleme bereiten. In einer Vitrine können wir uns starke Kieferknochen mit breiten, abgeschliffenen Zähnen ansehen; ebenso, wie Steinstaub von Mahlsteinen im Brot Zähne abschleift und moderne, stärkehaltige Nahrung zu Karies führt.

Eine nachgestellte Lagerszene zeigt den Alltag nomadisierender Gruppen bei der Nahrungssuche vor über zwei Millionen Jahren: Ein Mann häutet ein erlegtes Tier, eine Frau bringt ein Wildkaninchen, Pilze und Beeren – eine vielseitige Ernährung. Der Übergang vom Nomadentum zu einer sesshaften Bevölkerung, die Ackerbau und Viehzucht betreibt, schließlich die Verstädterung der Weltbevölkerung in den vergangenen hundert Jahren, haben Spuren in der Kulturlandschaft hinterlassen. Deren Auswirkungen auf unsere Lebensweise können wir uns ebenfalls ansehen, auch aus dem Weltall – die Satellitentechnik macht es möglich.

Kommunikation und Medien: Sprache ermöglicht den Menschen eine intensive Verständigung und ist Grundlage unserer kulturellen

Respekt vor dem Alter war selbstverständlich in Gesellschaften, die auf mündliche Überlieferung von Kenntnissen und Erfahrungen angewiesen waren.

Entwicklung. Sehr anschaulich zeigt das eine Szene mit rekonstruierten steinzeitlichen Menschen: Eine alte Frau erzählt einem Mädchen etwas, dies hört ihr aufmerksam zu. Hier erkennen wir die Bedeutung der Informationsweitergabe aus der „Weisheit des Alters" an die jüngere Generation in einer Gesellschaft ohne Schriftkultur.

Die enorme Kulturleistung, die mit der Entwicklung der Schrift verbunden ist, finden wir mit vielen anregenden und nachdenklich machenden Schrifttafeln veranschaulicht, und es werden auch philosophische Fragen aufgeworfen, etwa: Wird die computervernetzte Welt ein globales Dorf werden, in dem sich Zeit und Raum auflösen? Und was wird dann aus kultureller Vielfalt?

Mit diesen Fragen nach der zukünftigen Entwicklung der Menschheit schließt die vielseitige Ausstellung, für deren Besuch Sie mindestens eine Stunde Zeit einkalkulieren sollten. Wer alles ganz genau wissen will und alle medialen Möglichkeiten ausnutzen möchte, kann sich hier leicht mehrere Stunden aufhalten, 90 Minuten Audiotext, 45 Minuten Filmsequenzen und 180 Minuten Multi-Media auf Info-PCs liefern die Hintergrund-Informationen.

Tipp: Oben im Gebäude befindet sich das Museumscafé mit Blick in Richtung der einstigen Fundstelle der berühmten Knochen; bei schönem Wetter ist die große Dachterrasse geöffnet. Einen besonderen Eindruck vermittelt uns die schöne Landschaft im Umfeld des Museums.

Wanderung von Tal zu Tal

Das ursprüngliche „Neanderthal" im Tal der Düssel war vor 1850 eine wildromantische Felsenschlucht, ein enges Flusstal von etwa 700 Metern Länge. Ehemals „Gesteins" oder „Hundsklipp" genannt, erhielt es später seinen Namen nach dem Gelehrten und Kirchenmusiker Joachim Neander, der in den 1670er Jahren hier Kirchenlieder dichtete.

Johann Carl Fuhlrott schilderte 1869 sehr eindringlich die Veränderung des Tals als einst schönstes Fleckchen Erde des Bergischen Landes von wilder Erhabenheit und romantischer Lieblichkeit, das durch großräumigen Kalkabbau nach 1850 verwüstet und in einen „Trümmerhaufen" verwandelt worden sei. Dieser Abbau hat westlich des heutigen Museums stattgefunden.

Tipp: Eine **landschaftskünstlerische Rauminszenierung** verbindet das Museum mit dem **Fundort** der Neanderthaler-Knochen. An Hörstationen auf dem Weg und an der Fundstelle wird die wechselvolle Geschichte des Tals erzählt. Das Grabungsareal und Steinlounges markieren den Standort der zerstörten Feldhofer Grotte. An der Fundstelle kann man an einer 180 Meter langen „Zeitachse" die menschliche Entwicklungsgeschichte abschreiten.

Für unsere Wanderung schlagen wir die andere Richtung ein, überqueren vom Museum aus die Straße und gehen an der skurrilen, oft fotografierten Neanderthaler-Figur vorbei. Wenige Meter weiter treffen wir auf einen großen Spielplatz mit Schutzhütte und Picknickplätzen. Nach der Konzentration im Museum können sich Kinder hier nach Herzenslust austoben.

1

Von dem **Spielplatz** aus folgen wir dem Tal der Düssel aufwärts entlang dem ausgeschilderten Wanderweg A2. Gelegentlich treffen wir auf Lehrtafeln eines **Waldlehrpfades**. Gleich zu Beginn erfahren wir Wissenswertes über das Ökosystem Wald, auf Tafel 2

2

Schautafeln des Waldlehrpfads bieten Informationen am Wegesrand an.

Im Hochsommer lädt die Düssel zum Baden und Planschen ein.

geht es später um das Leben im Waldboden.

3 Auch der **Skulpturenpark „MenschenSpuren"** begleitet hinter dem Zusammenfluss von Düssel und Mettmanner Bach am Spielplatz eine Weile unseren Weg. An ausgewählten Standorten, die einen behutsamen „künstlerischen Eingriff" vertragen, sind Skulpturen international tätiger Künstlerinnen und Künstler aufgestellt, die sich mit dem manchmal widersprüchlichen Verhältnis zwischen Mensch und Natur auseinandersetzen. An Hörstationen können die Besucher Gesprächen der Künstlerinnen und Künstler über ihre Werke lauschen.

4 Jenseits des Baches liegt das Gebäude der **Steinzeitwerkstatt**, wo ein attraktives und vielseitiges museumspädagogisches Programm für Kinder, Jugendliche und Erwachsene angeboten wird: **„Steinzeit zum Be-Greifen."** Hier wurde 1937 das erste Neanderthal Museum eröffnet, das mit Unterbrechungen bis zur Eröffnung des Neubaus 1996 in Betrieb war.

5 Hinter einer Brücke öffnet sich in der Talaue das Gelände des **Wildgeheges**, das 1935 vom Naturschutzverein mit „eiszeitlichen" Tieren errichtet wurde. Von den ursprünglich sechs Tierarten sind heute noch rückgezüchtete Auerochsen, Wisente und Waldtarpane in den weitläufigen Freigehegen zu beobachten. Der Auerochse

Heuernte im Wildgehege.

ist der Stammvater unserer heutigen Rinderrassen. Sein natürlicher Lebensraum wurde jedoch im Laufe der Zeit immer stärker eingeschränkt, bis etwa 1627 der letzte wildlebende Auerochse getötet wurde, womit eine der großen heimischen Wildtierarten ausgerottet war. Der Bestand im Wildgehege hatte in den 1980er Jahren mit etwa 25 Alttieren sein Maximum erreicht. Um Überweidungsschäden auf den Wiesen im Naturschutzgebiet Neanderthal zu vermeiden, wurde er auf 15 Alttiere reduziert, in guten Jahren kommen bis zu 15 Kälber dazu.

Romantisch im Tal gelegen – Haus Diepensiepen.

Der Wanderweg wird von üppigen Heckenrosen gesäumt.

Der bequeme und breite Wanderweg mit vielen Ruhebänken führt uns am Waldrand entlang und bietet beste Sicht auf die Auewiesen des Freigeheges. An diesem heißen Sommertag können wir bei der Heuernte zuschauen.

Tafel 3 des Waldlehrpfads erinnert daran, dass alle einheimischen Fledermausarten vom Aussterben bedroht sind, da ihre Sommer- und Winterquartiere wie Öffnungen in Scheunen, auf Dachböden, in Türmen und Gebäudenischen zunehmend aus unserer Kulturlandschaft verschwinden. Wenig später erläutert Tafel 4 die Kopfweiden-Säume als ökologische Nischen und Korridore.

Hinter einem Teich erreichen wir die Häusergruppe **Eigen**. Wir betrachten die hübschen Fachwerkhäuser und finden bei „Haus Diepensiepen" einen Platz mit etlichen Picknicktischen. An dieser Stelle verlassen wir das Tal und erreichen auf einem steilen Weg von 6

Eine aufgeregte Gänseschar schnattert in Bachelsberg.

etwa 500 Metern Länge durch den Wald die Höhe. Weite Getreidefelder dehnen sich links und rechts aus. Wir wenden uns nach links, zum **Hof Holz**.

7 Hier kann man ausgiebig die historischen Traktoren und die kleinen Ferkel rechts des Wegs bestaunen, dann biegen wir am alten **Bauerngarten** rechts um die Ecke.

Der Weg führt nun durch Weizenfelder mit Heckenrosen, Mohn und Kamille am Wegesrand. Hinter den Feldern geht es weiter geradeaus. Der Weiler Bachelsberg mit Gänseschar und Hofladen bleibt links,
8 Butzberg rechts liegen. Zwischen hohen Weißdornhecken gehen wir hinab ins Tal. Zur Linken öffnet sich noch einmal ein üppiger Bauerngarten.

Wieder ist der Weg A2 ausgeschildert und macht eine Kurve nach links. Auf halber Höhe gehen wir allmählich entlang des bewaldeten Hangs hinunter zum **Mettmanner Bach**. Ihm folgen wir etwa 1,5 km bis zum Zusammenfluss mit der Düssel, dem Ausgangspunkt am Spielplatz.

Nach zwei Stunden bei sehr gemächlichem Tempo haben wir unsere Wanderung von Tal zu Tal mit sehr unterschiedlichen Landschaftseindrücken beendet und freuen uns über die vielfältigen gastronomischen Angebote rund um das Museum.

Biergarten am Mettmanner Bach.

Adressen in und um das Neanderthal

Tipp: Folgen Sie dem Evolutionspfad etwa 30 Min zu Fuß entlang der Landstraße ins Stadtzentrum der Kreisstadt Mettmann. Nach rund 15 Min kommen Sie zu einer Bildwand, auf der prähistorische Höhlen- und Felsbilder in freier Interpretation nach originalen Vorbildern dargestellt sind. Ein Info-Faltblatt dazu ist über die Stadt Mettmann erhältlich.

Stadt Erkrath „Das Tor zum Neandertal"
Postfach 1154 / 40671 Erkrath
Tel.: 0211-2407-0 (Zentrale) oder -1017 (Hauptamt)

Planwagenfahrten ins Neandertal bietet Familie Stertenbrink an.
Tel.: 0211-9007812

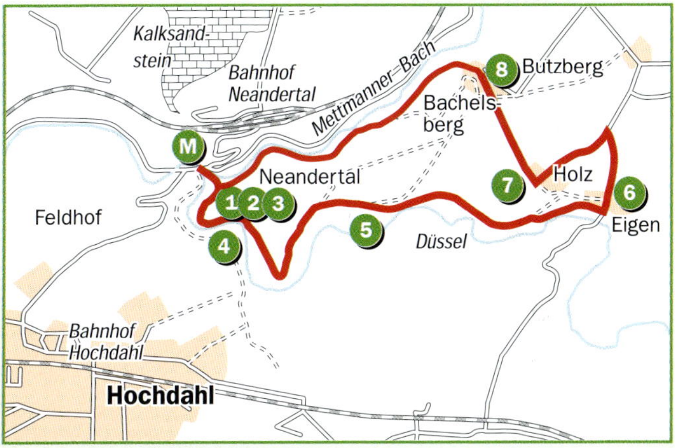

Fuhlrott-Museum in Wuppertal

Dinosaurier, Mufflon und Amphibien

Dinosaurier-Knochen und Fossilien, rote, blaue, gelbe und grüne Gesteine, ein Streichel-Mufflon und viele Überraschungen aus dem unbekannten Leben der Wirbellosen, der Amphibien und Reptilien ziehen den Besucher hier in ihren Bann. Beim Rundgang durch Elberfeld werden durch Stadtvillen und ärmliche Hinterhöfe Pracht und Elend der frühen Industrialisierung noch einmal lebendig. Wie wär's nach dem Bummel durch die quicklebendige Fußgängerzone mit einer Schwebebahnfahrt im Tal der Wupper?

Ein spannendes Entdeckungsspiel zum Thema Lebensraum Trockengebiete: Welches Tier lebt wo?

Kurzinfo

Fuhlrott-Museum und Forschungsinstitut
Naturkundemuseum für das Rheinland
Auer Schulstraße 20 / 42103 Wuppertal

Tel.: 0202-5632618 / Fax: 0202-5638026
E-Mail: fuhlrott-museum@t-online.de
Internet: www.fuhlrott-museum.de

Geöffnet: Di-Do 10-18 Uhr, Fr-So 11-16 Uhr, Mo geschlossen

Eintritt: Erwachsene: 3 €, Kinder 6-16 J: 1,50 €, Familie: 6 €

Service: Lernstation mit vielfältigen Programmen für Gruppen
Tel.: 0202-5632610
Shop und Getränkeautomat im Eingangsbereich

Stadt Wuppertal: Informationszentrum am Döppersberg
Bürgerberatung und Tourismus
Tel.: 0202-563-2270 und -2180 / Fax: 0202-563-8052
E-Mail: infozentrum@gb0.wuppertal.de
Internet: www.wuppertal.de

Anfahrt mit der Bahn:
ÖPNV: Schwebebahn Haltestelle Ohligsmühle/Stadthalle

Anfahrt mit dem Bus:
Haltestelle Volkshochschule: Linien 601, 611, 619, 649, SB68

Anfahrt mit dem Auto:
Von Westen A 46 > Abfahrt 33 W-Katernberg > rechts, 1,7 km in die Talachse > links > B 7 Richtung Hagen/Schwelm > nach ca. 600 m links in die Kasinostraße > 3. Straße rechts Friedrich Ebert Str. > 2. Straße links Auer Schulstraße.
Parken im Umfeld des Museums.
Anfahrtbeschreibung auf Internet-Seite des Museums.

Hier lässt sich ein Braunbär aus der Nähe betrachten.

Naturkundliche Themen des Rheinlandes und des Bergischen Landes sind der Schwerpunkt des Fuhlrott-Museums, es werden aber auch globale Bezüge geknüpft.

Gleich im ersten Raum entdecken wir **Natur und Lebensräume des Rheinlandes**. Kinder begeistern sich für die **Streichelecke** mit sieben heimischen Tieren, darunter das Mufflon, das ursprünglich aus Korsika und Sardinien stammt und von dort Ende des 19. Jahrhunderts in ganz Europa ausgesetzt wurde. Aber auch Waschbär, Steinmarder und die weniger beliebte Bisamratte kann man entdecken. Anfassen erwünscht!

Heimische Tiere werden hier mit ihren Lebensräumen dargestellt: Wald, Feuchtgebiete, Felder und Wiesen. Faszinierend ist der große **Braunbär**, der im 19. Jahrhundert in Mitteleuropa noch vorkam. Die hasenartigen Tiere und Kleinsäugetiere wie Mäuse können wir ganz genau betrachten – erstaunlich, wie viele unterschiedliche kleine Mäusearten es gibt! **Fische aus der Wupper**, darunter der Flussbarsch, die lachsartigen Fische Lachs, Forelle oder Saibling und die Äsche finden wir dargestellt und beschrieben. Aber auch über die Pflanzen, die unscheinbaren Flechten und Moose oder Pilze der Region erfahren wir einiges. Zu einem **Film** über das Verhalten und die Eigenarten der **Vögel** sehen wir in den Vitrinen spechtartige Vögel, Hühnervögel, Greifvögel, Singvögel, Enten, Gänse und Sänger sowie Eulenvögel. Man kann gut erkennen, wie die Schnabelform der Nahrung angepasst ist. So eignet sich der feine, pinzettenartige Schnabel des Rotkehlchens besonders gut, Bodeninsekten und deren Larven aufzupicken, aber auch Spinnen, Schnecken und kleine Würmer, die es von der Streu- und Moosschicht aufliest.

Wer frisst wen? Bei der Darstellung des **Lebensraums Hecke** können wir spielen: Wenn man ein bestimmtes Tier per Knopfdruck ausgewählt hat, leuchten an den Tieren und Pflanzen, die als Nahrung in Frage kommen, rote Lämpchen auf. Der Mäusebussard frisst Feldmaus, Rebhuhn, Zauneidechse, Heupferd, Laubfrosch, Waldspitzmaus, Hermelin und Igel. Auch der Igel hat guten Appetit, er verspeist Zauneidechsen, Weinbergschnecken, Heupferde, Tausendfüßler, Heckenbraunellen und Regenwürmer, aber ebenso Holunderbeeren und Haselnüsse.

Der Saal gegenüber ermöglicht einen **Gang durch die Erdgeschichte**. Hier lernen wir auch **Johann Carl Fuhlrott** kennen. Fuhlrott (1803-1877) hatte in den 1820er Jahren in Bonn zunächst katholische Theologie studiert, wechselte aber bald zu Naturwissenschaften und Mathematik. Ab 1830 war er als Lehrer und Naturforscher in Elberfeld tätig und gründete 1846 den „Naturwissenschaftlichen Verein", auf den die Anfänge der Museums-Sammlung zurückgehen. Johann Carl Fuhlrott ist es zu verdanken, dass die Knochen, die Arbeiter in einer Höhle des Neanderthals gefunden hatten, im Jahr 1856 als Skelettteile eines sehr frühen Menschen erkannt wurden, der nach dem Fundort „Neanderthaler" genannt wurde. Dennoch blieb die Evolutionstheorie Darwins noch bis weit ins 20. Jahrhundert hinein umstritten (siehe Neanderthal Museum).

Der Naturforscher Johann Carl Fuhlrott legte den Grundstein für die Sammlung des Museums.

Anhand von **Fossilien** können wir den Verlauf der **Erdgeschichte** nachvollziehen. Fossilien sind versteinerte Überreste von Pflanzen und Tieren, die ins Bodensediment geraten sind. Ihre Weichteile haben sich im Laufe der Zeit aufgelöst, Knochen oder holzige Pflanzenteile blieben aber erhalten. Hier ist erkennbar, wie sich Lebensgemeinschaften einer Umwelt, die sich durch Klima-

wandel und Veränderungen des Meeresspiegels stetig änderte, angepasst haben. Hier werden 4,6 Milliarden Jahre Erdgeschichte in drei großen Epochen, Erdaltertum, Erdmittelalter und Erdneuzeit, im Zusammenhang präsentiert. Im Erdmittelalter entstanden die größten Landbewohner aller Zeiten, die **Dinosaurier**. Die Darstellungen der „Dinos" faszinieren viele Besucher. Ein sehr unterhaltsamer und informativer Film macht deutlich, dass viele Aspekte der Dinosauriergeschichte die Wissenschaft immer noch vor Rätsel stellen.

oben: Eine Begegnung mit der faszinierenden Welt der Dinosaurier.

unten: Dieser Höhlenbär hat vor rund 15.000 Jahren gelebt.

Aus der im Vergleich deutlich jünger datierenden Eiszeit finden wir einen Mammut-Schädel mit mächtigen Hauern. Schließlich beeindruckt – neben vielen anderen Dingen – das Skelett eines Höhlenbärs, der im Quartär / Pleistozän etwa 15.000 Jahre vor unserer Zeit gelebt hat.

Eine große Wandvitrine an der Stirnseite des Saals ist voller Schätze: **Mineralien, Kristalle, Erze und Metalle**! Leuchtend blaues Lasurit und Lapis Lazuli aus Klein-Asien, orangefarbener Bernstein aus Dänemark und dem ostpreußischen Samland, Turmalin in lila und braun aus Brasilien, hellrosafarbener Manganspat aus Rumänien, grüner Malachit, grüner und blauer Azurit und giftgelber Schwefel aus Sizilien sind zu entdecken. Kupfer-, Eisen- und Zinkvitriol aus dem Rathstiefstenstollen im Rammelsberg bei Goslar im Harz finden sich hier ebenfalls. Dieser Stollen gehört zum Weltkulturerbe der UNESCO und ist nicht allgemein öffentlich zugänglich. Aragonit, die „Eisenblüte" aus der Steiermark in Österreich, sieht aus wie weiße Koralle oder Schwamm. Auch Gold, Silber, Wismut oder Arsen fehlen nicht.

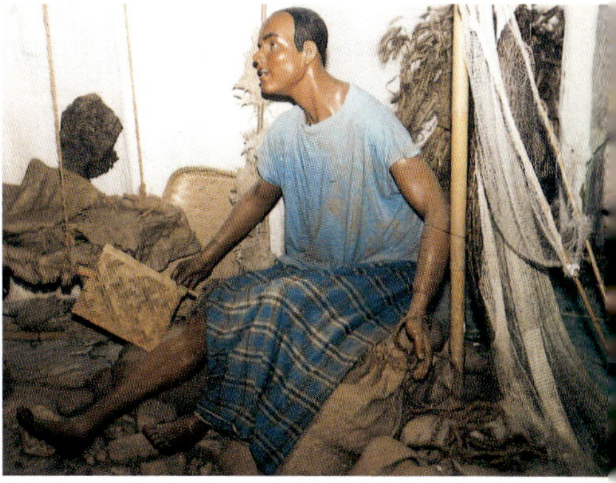

Alltag und Kultur der Menschen in Nepal werden anschaulich gemacht.

Eine ganz andere Welt erwartet uns im Nebenraum, hier sehen wir **„Das andere Nepal"**. Im Zentrum der Ausstellung stehen nachgestellte **Szenen aus dem Alltag**, die die Menschen in ihren typischen Lebensräumen zeigen. Wohn- und Arbeitsstätten der Nepalesen, ihre **Kultur und Lebensweise** mit den täglichen Kult- und Gebrauchsgegenständen werden hier veranschaulicht. Im Gegensatz zu der Fledermaus, die an dem nachgebauten Hausdach hängt, sind andere Tiere durchaus unerwartet lebendig. Flink bewegen sich nepalesische **Echsen und Frösche** durch die Terrarien, sogar eine mehrere Meter lange Python ist zu sehen. Musik und Geräusche verstärken die sinnlichen Eindrücke von einem fernen Land.

Der Treppenaufgang zum ersten Stock ist der **FuhlrottKunstPfad**, im Vorübergehen können hier wechselnde Kunstausstellungen besichtigt werden.

Im ersten Stock befinden sich zwei weitere Schwerpunktthemen, zweite und dritte Etage des Museumsgebäudes werden für die Verwaltung, die Bibliothek und das Publikumslabor, das nach Absprache für Gruppen zur Verfügung steht, genutzt.

Als **„Die wahren Herrscher"** werden uns in Raum E die Wirbellosen vorgestellt. Dazu gehören auch Insekten, mit 1 Trillion Stück (=10.000.000.000.000.000.000) die häufigsten Lebewesen der Erde. Faszinierend gleich am Anfang ist ein **Bienenvolk**, dem wir durch eine Glasscheibe zuschauen können. Eine Sonderabteilung informiert über das Verhalten der Bienen, die sich mit standardisierten Flugbewegungen, Tänzen gleich, untereinander verständigen. Auch die Tätigkeit des Imkers wird erklärt. An einem kleinen Teich entdecken wir Libellen, Schnaken und Krebse. Nachdenklich sehen wir an einer anderen Vitrine, wie viele farbenfrohe **Schmetterlinge** noch

Eines Tages verwandelt sich die gefräßige Raupe in einen bunten Schmetterling.

vor einigen Jahrzehnten im Bergischen Land lebten, die heute nicht mehr vorkommen.

Staunen ist angesagt angesichts der Baukünste der Waldameisen, die wir hier einmal gefahrlos betrachten können. Welchen Schaden echtes „Ungeziefer" anrichten kann, zeigen Beispiele von Vorrats- und Hygieneschädlingen.

Eine skurrile Vitrine zieht uns in ihren Bann, hier geht es um Wirbellose auf dem Speiseplan von uns Menschen: Von Schnecken, Tintenfischen, Muscheln und Krabben bis hin zu so exotischen Genussmitteln wie einem Insekten-Lutscher, bei dem ein echtes Insekt in die klare Zuckermasse eingegossen wurde – einem Party-Gag der 1990er Jahre –, reicht die Palette. Auch der Mezcal-Schnaps mit einer bleichen Larve darin ist nicht jedermanns Geschmack.

„Hineingreifen und Berühren ist erwünscht" gilt dann wieder für eine Plexiglas-Kiste, in der sich jede Menge Regenwürmer tummeln.

Lurche und Kriechtiere, zu denen manche ein etwas distanziertes Verhältnis haben, werden in Raum F als **„Die ewig Verdammten"** ge-

Für Kinder ist das Fuhlrott-Museum besonders attraktiv.

Auf vielfältige Art können Besucher die „ewig Verdammten" kennenlernen.

zeigt. „Sind die echt?", fragen wir uns beim Anblick der Schönechsen im Glaskäfig, und schnell wird klar, sie sind es! Ebenso wie viele andere Tiere hier in den Terrarien. Ziel dieser Themenpräsentation ist es, die Lurche und Kriechtiere wie Schlangen in ihrer Schönheit, Vielfalt und Seltenheit mit ihren Lebensräumen vorzustellen, um die Distanz oder Ablehnung vieler Menschen ihnen gegenüber abzubauen.

Hier treffen wir auch auf eine Aktion für den **Artenschutz**, die unter dem Motto **„Eindrücke statt Andenken"** über den Konsum von Artikeln aufklärt, für die geschützte exotische Tierarten ihr Leben lassen müssen. So gelten Schuhe und Taschen aus Schlangenleder bei manchen immer noch als chic, dabei ist ihre Einfuhr längst verboten, um eben die gefährdeten Tierarten in ihren Lebensräumen zu schützen. Gezeigt werden auch getötete Brillenkaimane, die präpariert und als vermeintlich witzige Urlaubssouvenirs verkauft werden: als Aschenbecherhalter oder in einer lächerlichen Urlauber-im-Liegestuhl-Pose. Mit wechselnden Kampagnen und Dokumentationen bietet das Museum auch immer weitere Informationen zu diesem Themenkreis, zum Beispiel über die Ausrottung bestimmter Tierarten wie den kapverdischen Riesenskink, eine tropische Echse, auf die gnadenlos Jagd gemacht wird.

Ein Rundgang durch Elberfeld

Der Laurentiusplatz wird dominiert von der klassizistischen Laurentiuskirche.

Die **Friedrich-Ebert-Straße** galt vor rund 200 Jahren als Nobel-
1 Boulevard von Elberfeld, und die Stadthäuser am **Laurentiusplatz** zeugen noch von dieser glanzvollen Zeit. Haus Nr. 13 war **Wohnhaus des Bankiers von der Heydt**. Benannt wurde der Platz nach der 1835 in klassizistischem Stil erbauten, doppeltürmigen **Laurentiuskirche**. Der Platz strahlt eine schöne Atmosphäre aus, die zum Verweilen einlädt: Cafés und Bistros säumen ihn, Ruhebänke stehen unter Linden, der kleine Markt am Donnerstag verleiht ein besonderes Flair.

In diesem Haus wohnte der einflussreiche Bankier von der Heydt.

Im weiteren Verlauf der Friedrich-Ebert-Straße findet man kleine Geschäfte und Buchhandlungen. Wir biegen rechts in die Untergrünewalder Straße ein und schlendern an hohen, verschieferten, bergischen Stadthäusern entlang. An der Ecke zur **Luisenstraße** erblicken wir ein Gebäude mit einer Speicherluke zur Verladung von Waren. In der Luisenstraße reihen sich Szeneläden, Cafés und Restaurants mit ausländischen Spezialitäten aneinander. Auch Kunst und Kunstgewerbe, individuell angefertigte Kleidung und bewährte Stücke aus zweiter Hand kann man hier kaufen. Als das Viertel entstand, herrschte drangvolle Enge im schmalen Tal der Wupper. Wer den schmalen, niedrigen **Tunnelgang zum Hinterhof Luisenstraße 92a** durchquert, kann noch einen kleinen Einblick hinter die Kulissen erhalten. Heute sind diese Häuser renoviert und wirken idyllisch; dass nur wenige Meter Platz zwischen Vorder- und Hinterhaus liegen, stört an einem sonnigen Tag wenig. Früher aber wohnten bis zu 150 Bewohner in den beiden Häusern. Die hygienischen Verhältnisse ahnen wir, wenn wir die Toilettenhäuschen sehen, drei Holzverschläge mit grün lackierten Holztüren und herzförmigem Licht- und Luftloch ...

Die Luisenstraße bietet eine bunte Mischung von Szenegeschäften und gastronomischen Angeboten.

2

Die Straße **Am Heckweiher** ist benannt nach einem Hofgut des alten Fronhofs Elberfeld, das bereits 1345 erstmals schriftlich erwähnt wurde. Heute hat sie mit einigen Nachtbars eher Hinterhofcharakter. Die **historische, reichverzierte Werksteinfassade** des Kaufhof zeigt zur Neumarktstraße. 3

Über Grünstraße und Kleine Klotzbahn kommen wir zur **Begegnungsstätte Alte Synagoge**. 4 Hier stand die Synagoge der jüdischen Gemeinde, die am 9. November 1938 dem nationalsozialistischen Rassenwahn zum Opfer fiel. Wenig weiter am Willy-Brandt-Platz ist die Fußgängerzone erreicht. Der **Neumarkt** mit seinem lebhaft-städtischen Treiben erhält einen schönen Rahmen durch das repräsentative **Rathaus**, 5 das 1900 eingeweiht wurde und heute Sitz der Verwaltung ist. Im Treppenaufgang des Rathauses finden sich große Wandgemälde, historische Darstellungen von Zunftmeistern. Der auffällige **Jubiläumsbrunnen** 6 auf dem Neumarkt mit seinen vielen Figu-

Auf dem Willy-Brandt-Platz wird der bergische Löwe zum Schmusetier.

Malerisch schmückt der Jubiläumsbrunnen den Neumarkt vor dem Rathaus.

ren wurde 1895 vom Elberfelder Verschönerungsverein zur Erinnerung an die Feier seines 25jährigen Bestehens gestiftet. Sein prominentes Vorbild ist der Neptunbrunnen in der oberitalienischen Stadt Trient. Auf dem Kerstenplatz, gegenüber von Rathaus, Brunnen und einem weiteren Eiscafé, ist ein Wuppertaler Original verewigt, der **Zuckerfritz**. Er hat seine Schubkarre dabei und ruht sich gerade aus, gelebt hat er 1831-1906.

Durch die Poststraße erschließen wir uns die ausgedehnte Fußgängerzone der Elberfelder City. Bald treffen wir auf eine ungewöhnliche Fassade, hinter der sich das **Uhrenmuseum** mit dem **Glockenspiel** verbirgt. In dem privaten Museum des Juweliers Abeler sind Uhren und Zeitmesser aus 5.000 Jahren versammelt, von ägyptischen Wasseruhren über Sonnenuhren der Antike, Sand- und Öluhren bis hin zum High-Tech-Zeitmesser, der die Atomzeit anzeigt, und der modernen Armbanduhr mit Quarzantrieb. Hier kann man Kulturgeschichte und Technik entdecken! Wir biegen rechts in die Schwanenstraße und erreichen den Wall. Zweimal links einschwenkend, treffen wir im Turmhof auf das **Von der Heydt-Museum**, ein Museum mit den ganz großen Namen der Kunst. Hier wird eine der bedeutendsten Gemälde- und Kunstausstellungen Deutschlands mit europäischer Kunst ersten Ranges bis zur Gegenwartskunst präsentiert, niederländische Malerei des 16. und 17. Jahrhunderts, deutsche und französische Malerei von der Romantik bis zum Impressionismus sowie Plastiken des 19. und 20. Jahrhunderts.

Der Turmhof grenzt an die **Alte Freiheit**. Hier befinden wir uns im 9
historischen Kern von Elberfeld, man wohnte in der „Freiheit" rund um die Burg Elversvelde, die 1536 durch einen Brand zerstört wurde. Straßennamen wie Hofaue, Turmhof oder Schlossbleiche erinnern an die alte Festung.

Vor den City-Arkaden begegnet uns eine Skulptur, die eine üppige Frauengestalt in einfacher Kleidung mit Holzpantinen zeigt. Sie stellt **Mina Knallenfalls** dar, die charakteristische Figur aus der um 1870 erschienenen Mundartdichtung von Otto Hausmann. Die Statue wurde 1979 von Ulle Hees-Schettler gestaltet.

Die Straße **Hofaue** prägen repräsentative Bürgerhäuser und Ge- 10
schäftsbauten aus dem 19. Jahrhundert. Damals war hier eines der wichtigsten Textilhandelszentren Europas. Besonders sehenswert sind die Häuser Nr. 35-39, 53, 54, 67. Heute bildet sich rund um Schauspielhaus, Kino und die moderne Schwebebahnstation Kluse
eine **Kulturmeile** aus. Zwischen der **Schwebebahnstation** und dem 11
Hauptbahnhof finden wir das **Infozentrum der Stadt Wuppertal** mit 12 13
vielen Broschüren und Serviceangeboten.

Von der Alten Freiheit gehen wir durch die Calvinstraße, wo die
Alte Reformierte Kirche mit der Inschrift „1689" steht, dann links zur 14

Das Uhrenmuseum zeigt, wie Zeit zu messen ist.

Im Tal der Wupper ist die Schwebebahn überall präsent, hier an der Alten Freiheit.

Else Lasker-Schüler – wahrscheinlich die berühmteste Wuppertalerin.

Schlossbleiche am Ufer der Wupper. Über uns erhebt sich die kühne Konstruktion der **Schwebebahn**. Diese

15 einmalige Bahn, die in Wirklichkeit nicht schwebt, sondern an Schienen hängt, wurde 1898-1903 gebaut und vor einigen Jahren unter Denkmalschutz gestellt. Die derzeitige Erneuerung aller Anlagen ist ein gigantisches Projekt und kommt einem Neubau gleich. Auf einer vollständig unabhängigen Gleisstraße von 13,3 km Länge stellt die Schwebebahn in der Wuppertaler Talsohle die Verbindung der Zentren Vohwinkel, Elberfeld, Barmen und Oberbarmen mit insgesamt 19 Bahnhöfen im 3-Minuten-Takt her.

16 Der **Bismarcksteg** über die Wupper gilt mit seinen ornamentreichen schmiedeeisernen Geländern und Bögen als **Jugendstil-Kleinod**. Durch die Straße Mäuerchen und den Wirmhof gehen wir links in die Herzogstraße, wo wir bei Nr. 29 das Geburtshaus von **Else Lasker-Schüler** passieren. Obwohl sie 1869 zwar hier geboren wurde, wuchs sie allerdings im vornehmeren Brill-Viertel westlich von Elberfeld auf. 1933 emigrierte die jüdische Dichterin nach Palästina, wo sie 1945 in Jerusalem starb. Einige Schrit-

17 te weiter ist ihr ein **Denkmal** gewidmet, das sie in zwei interessanten schwarzweißen Mosaikporträits darstellt.

Am Laurentiusplatz erreichen wir wieder den Ausgangspunkt unseres Rundgangs. Wer eine **Fahrt mit der Schwebebahn** über der Wupper anschließen möchte, kommt auf dem Weg zur

19 **Schwebebahnstation Ohligsmühle** durch die Laurentiusstraße, wo das **Wohnhaus**

18 **von Johann Carl Fuhlrott** zu sehen ist.

Hier wohnte Johann Carl Fuhlrott.

Adressen in und um Wuppertal-Elberfeld

4 **Begegnungsstätte Alte Synagoge Wuppertal**
Genügsamkeitstraße, 42105 Wuppertal
Di-Fr und So 14-17 Uhr
Info und Führungen: Tel. und Fax: 0202-5632843

7 **Wuppertaler Uhrenmuseum**
Poststraße 11, 42103 Wuppertal-Elberfeld
Tel.: 0202-493990
Mo-Fr 16-18 Uhr, Sa 10-13 Uhr

8 **Von der Heydt-Museum**
Turmhof 8, 42103 Wuppertal
Tel.: 0202-5636231
Di-So 11-18 Uhr, Do 11-20 Uhr

13 **Stadt Wuppertal: Informationszentrum am Döppersberg**
Bürgerberatung und Tourismus
Pavillon Döppersberg, dem Hauptbahnhof gegenüber
Mo-Fr 9-18 Uhr, Sa 9-13 Uhr
Tel.: 0202-563-2270 und -2180 / Fax: 0202-563-8052
E-Mail: infozentrum@gb0.wuppertal.de
Internet: www.wuppertal.de

Verkehrsverband Rhein-Ruhr, Fahrplanauskunft im Internet: efa.vrr.de
Schwebebahn im Internet: www.wsw-online.de

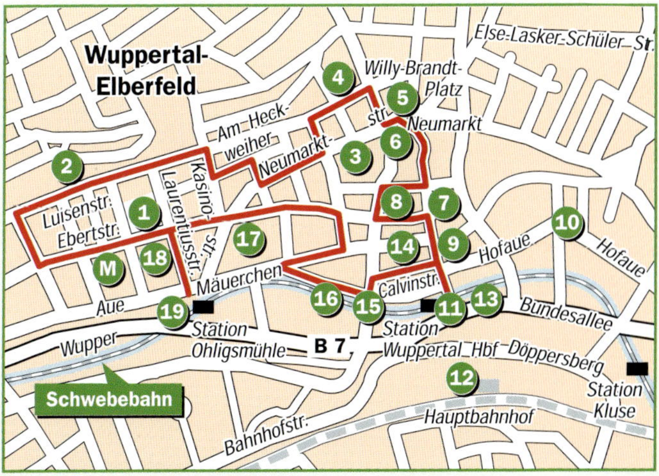

Deutsches Klingenmuseum in Solingen-Gräfrath

Taschenmesser für Riesen

Die größte Besteckammlung der Welt nennt es sein Eigen und zeigt Klingen in allen Variationen, aus aller Herren Länder und aus allen Epochen – im Deutschen Klingenmuseum erwartet den Besucher eine beeindruckende Klingen-Vielfalt: vom Schwert bis zum Brotmesser, vom Steinzeitmesser bis zum topaktuellen Designerbesteck, vom kiloschweren „Taschenmesser" für Riesen bis zu Miniaturausgaben, von denen mehrere in einer Haselnuss Platz finden.

Der ausgestellte Gräfrather Kirchenschatz der angrenzenden Klosterkirche erinnert noch heute an die Vergangenheit des Museumsgebäudes als Kloster. Ein Bummel durch die historische Altstadt mit ihren Häusern im „Bergischen Dreiklang" Schwarz-Weiß-Grün hinüber zum Museum Baden und zum Tiergarten Fauna bietet für jeden Besucher etwas Interessantes.

Eine Riesenschere vor dem Eingang des Museums zeigt: Hier sind wir richtig!

Kurzinfo

Deutsches Klingenmuseum
Klosterhof 4
42653 Solingen-Gräfrath
Tel.: 0212-258360 / Fax: 0212-2583630
E-mail: klingenmuseum@solingen.de
Internet: www.solingen.de/klingenmuseum

Geöffnet: Di, Mi, Do, Sa, So 10-17 Uhr / Fr 14-17 Uhr
Geöffnet an Feiertagen: Karfreitag bis Ostermontag, 1. Mai, Pfingstsamstag bis Pfingstmontag 10-17 Uhr / Geschlossen: 24., 25., 31. Dez und 1. Jan

Eintritt: Erwachsene 3 €, Ermäßigung 1,50 €, Familien 6 €
Gruppen (10 Personen) 2 € pro Person, Gruppen ermäßigt 1 € pro Person
Kombikarte: Klingenmuseum, Museum Baden und Tierpark Fauna 4,50 €

Individuelle Führungen: nach Vereinbarung
Öffentliche Führung: jeden ersten Sonntag im Monat um 15 Uhr

Besonderheiten:
Historische Arrenbergsche Zinngießerei: Vorführungen jeden 1. und 3. Sonntag im Monat um 14-16 Uhr. Gruppen nach Voranmeldung.
Beratungsstunde zu Blankwaffen, Bestecken, Kunsthandwerk jeden 1. Sonntag im Monat 15-17 Uhr (kostenlos, aber nur in Verbindung mit einem Museumsbesuch)
Veranstaltungen für Bestecksammler

Alljährlich im Museum: Messermachermesse am 1. Wochenende im Mai, bei der Messermacher aus aller Welt ihre Produkte vorstellen und zum Kauf anbieten.
Museumsfest vor den Sommerferien mit vielen Sonderaktionen

Museumsshop und **Tagesbar** mit dem besten Kaffee an der höchsten Stelle von Gräfrath

Alljährlich in Gräfrath: Gräfrather Marktfest am 2. Wochenende im Mai,
Gräfrather Weihnachtsmarkt am 3. Adventswochenende

Infos der Stadt Solingen:
Stadtinfo Tel.: 0212-19433
Internet: www.solingen.de
E-mail: stadtinfo@solingen.de

Anfahrt mit Bahn und Bus: Von Solingen-Zentrum oder Wuppertal-Vohwinkel mit der Buslinie 683 bis Haltestelle „Klingenmuseum" fahren, dann der Ausschilderung folgen.

Anfahrt mit dem Auto: von der A46, Abfahrt Haan-Ost, Richtung Solingen-Gräfrath. In Gräfrath der Beschilderung Klingenmuseum folgen. Vom Parkplatz sind es nur wenige Meter die Gerberstraße nach links hinauf zum Museum.

Beim Museumsfest wird jedes Jahr Besonderes geboten.

Das **Deutsche Klingenmuseum** kann auf eine nahezu 100-jährige Geschichte zurückblicken. Entstanden ist es aus einer Muster- und Vorbildersammlung, die die Solinger Fachschule für Metallgestaltung 1904 für ihre Schüler einrichtete. Mit den Klingen Solinger Meister, barocken Bestecken und Speiseutensilien für die Reise entstand im Laufe der Jahre ein riesiger Fundus, und in den 1950er Jahren wurde daraus das Deutsche Klingenmuseum, das mit seiner Sammlung die Räume des ehemaligen Gräfrather Rathauses am anderen Ende der Gräfrather Altstadt bezog.

Nach dem Erwerb zweier großer Besteckssammlungen besitzt das Museum inzwischen die **umfangreichste Besteckssammlung der Welt**. Klingen in allen Variationen, aus aller Herren Länder, von der Steinzeit bis heute erwarten die Besucher.

1991 zog das Deutsche Klingenmuseum **in das ehemalige Gräfrather Kloster** um, das über dem historischen Stadtkern thront. Das Kloster war 1187 gegründet worden und hatte bis zu seiner Auflösung 1803 ein **Stift der Augustinerinnen** beherbergt. Alle seine späteren Nutzungen, sei es als Kaserne, Altenheim oder Stadtarchiv, haben Spuren in der Gestaltung des Gebäudekomplexes hinterlassen. Seine heutige äußere Erscheinung entstand Anfang des 18. Jahrhunderts. Innen wurde das große **barocke Gebäude** 1986-1989 von dem **Berliner Architekten Josef Paul Kleihues** für diese Museumsnutzung **neu gestaltet**. „Klare Strukturen und unaufdringliche Materialien haben aus dem Nonnenkloster ein Gebäude von lichter Klarheit gemacht." So steht es in dem Museumsprospekt, und diese Aussage wird jeder Gast beim Besuch nachempfinden können.

Wir betreten das Museum in der Mittelachse des Ostflügels. Eine Vielzahl unterschiedlicher Räume ist schon von der Eingangstür aus zu sehen und lockt zur Erkundung. In einer offenen Treppenhalle steht eine halbrunde „Treppentonne" frei im Raum, sodass der Blick ins Obergeschoss schweifen kann.

Links erhebt sich hinter der **Museumskasse** eine Trennwand. Von dem dahinterliegenden **Vortragsraum** hat man einen schönen **Blick auf den Chor der Klosterkirche**. Der **Museumsshop** bietet neben Büchern und Prospekten viele außergewöhnliche Klingen zum Kauf an. Design-Stücke und Replikate machen Lust, sie in die Hand und auch mit nach Hause zu nehmen.

„Der beste Kaffee an der höchsten Stelle von Gräfrath" kann direkt daneben in der **Tagesbar** genossen werden, dabei im Programm des Museums zu stöbern, heißt, schon den nächsten Besuch zu planen, denn **das attraktive Angebot** reicht vom Ferienprogramm für Kinder über Konzerte, Museumsfest und Extra-Führungen zu Sonderausstellungen bis zur Designermesse.

Rechts vom Eingang zeigt die aus der Flucht hervortretende Theke die Garderobe an. Ihr gegenüber werden sich bereits ganze Besuchergenerationen von Erwachsenen und Kindern an den **Riesentaschenmessern** begeistert haben, die in Vitrinen ausgestellt sind. Nahezu einen Meter groß, mit einer Vielzahl von Werkzeugen und dem Wappen der Stadt Solingen versehen, wurden sie 1926/28 in Solingen hergestellt.

oben: Die offene Treppenhalle läßt den Blick weit schweifen.

unten: Messer, Gabel und Löffel wie für Riesen geschaffen.

Der **Rundgang** beginnt im Erdgeschoss in den hinter dem Foyer parallel verlaufenden Gebäudeteilen. Nach links führt ein schmaler Raum, in dem **Blankwaffen der Bronzezeit** zu sehen sind, Kurzmesser, Schwerter und Dolche. Erläuterungen zu ihrer Herstellung werden gleich mitgeliefert. Ein Blick aus dem Fenster bleibt an den mehrere Meter hohen Skulpturen von **Messer, Gabel und Löffel** im Innenhof hängen. Bei unserem weiteren Rundgang erfahren wir, mit welchen Klingen unsere Vorfahren in der **Steinzeit** zurecht kamen. Im

oben: Raum mit Blankwaffen aus dem Dreißigjährigen Krieg.

unten: Bestecke als wertvolle Kunstkammerstücke des 17. und 18. Jahrhunderts.

vorspringenden Westtrakt sehen wir uns **Waffen, Bestecke und Schneidwaren** der Antike, des Mittelalters und der Renaissace an. Bei dem Anblick medizinischer Geräte aus der Antike, so **den Instrumenten eines römischen Arztes**, wird einem schon etwas mulmig. Eine Informationstafel hält Wissenswertes über die Eisengewinnung, -verhüttung und -verarbeitung im 16. Jahrhundert bereit.

Beim Durchqueren der Längsachse des Gebäudes erfahren wir einiges über **Bestecke des 17. Jahrhunderts**. Als spätestens ab dem 16. Jahrhundert die Bedeutung der Blankwaffen für kriegerische Auseinandersetzungen abnahm, wurden in Solingen und im Bergischen Land neben Schwertklingen auch Messerklingen geschmiedet. Im Laufe der Zeit wandten sich immer mehr Klingenschmiede der Messer- und Besteckproduktion zu. Bestecke aus Solingen vom Ende des 16. bis ins 18. Jahrhundert können hier in ihrer ganzen Vielfalt bewundert werden. Im quadratischen Mittelstützenraum sind **Blankwaffen aus dem Dreißigjährigen Krieg** ausgestellt. Die Entwicklung der Waffen vom Schwert über den Säbel zum Degen sowie ihre jeweilige Verwendung wird hier anhand vieler Beispiele und Bilder bis hin zum Zweihänder gezeigt. In einem kleinen Raum zeigen **Filme**, wie Waffen hergestellt wurden, und es wird nachvollziehbar, wie aufwändig die Anfertigung beispielsweise eines guten Schwertes war.

Auf unserem weiteren Weg ziehen so genannte **Kunstkammerstücke** die Aufmerksamkeit auf sich. Hier sind ausgefallene Besonderheiten wie aus Elfenbein geschnitzte **Besteckgriffe mit erotischen Darstellungen** aus dem 17. Jahrhundert, in Augenhöhe der Erwachsenen ausgestellt, zu finden sowie ein Besteck, in dessen Griffen sich eine **Kreuzigungsgruppe** verbirgt.

Ebenso findet man Bestecke aus dem 17. und 18. Jahrhundert mit Griffen aus Buchsbaumholz oder Besteckteile aus dem zaristischen Russland des 19. bis Anfang des 20.Jahrhunderts, aber auch **extravagantes, topmodernes Design**.

Eine halbrunde Treppe führt uns in das **Obergeschoss des Museums**, in dem uns eine weitere Vielfalt an Themen und Ausstellungsstücken erwartet. Links schließen sich die Räume an, in denen wechselnde **Sonderausstellungen** immer wieder neue Aspekte rund um die Klinge zeigen.

Im Raum dahinter kann man **außereuropäische Blankwaffen und Schneidwaren** entdecken, wie die berühmten, japanischen **Klingen der Samurai** oder den **malayischen Kris**, ein gewellter Dolch, der zugleich Waffe und Standessymbol seines Trägers war. Und mit etwas Fantasie stellen wir uns vor, wie der einstige Besitzer die Klinge je nach Anlass in die schlichte, festliche oder sogar prunkvolle Scheide steckte. Rechts von der Treppe ist ein Raum den **Blankwaffen des 19. und 20. Jahrhunderts** gewidmet. Besonderes Augenmerk wird hier auf Solingen während der Herrschaft Napoléons gelegt.

Scheren über Scheren zeigen ein weiteres Produkt, durch das Solingen bekannt geworden ist. Ein radschlagender Pfau, ganz aus Scherenteilen zusammengesetzt, zieht die Blicke aller Besucher auf sich. Und in Vitrinen werden Scheren in allen Variationen gezeigt, von der Nagelschere bis zur Schneiderschere, von der **kleinsten Schere der Welt**, die inklusive der geschliffenen Blätter nur 9 Millimeter misst, bis zum riesigen stahlgeschmiedeten, vergoldeten Ausstellungsexemplar.

Der Scheren-Pfau zieht alle Blicke auf sich.

Tipp: Wie Scheren hergestellt wurden, zeigt das nahegelegene **Rheinische Industriemuseum Solingen Gesenkschmiede Hendrichs** sehr anschaulich. In dieser **ehemaligen Scheren-Schägerei** arbeiten

Manchmal erobern Piraten das Klingenmuseum.

seit der Umwandlung in ein Industriemuseum einige der ehemaligen Fabrikarbeiter als Museumsangestellte an den alten Maschinen weiter und zeigen Schritt für Schritt, wie aus einem glühenden Metallstück **eine Schere entsteht**. An großen Modellen können Kinder einige der Arbeitsschritte dann selber nachahmen. Ganz besonderen Eifer legen kleine Besucherinnen auch regelmäßig an den Tag, wenn es darum geht, einen richtigen **Scherenrohling mit der Eisenfeile zu bearbeiten**, bis er glänzt und als Erinnerungsstück mit nach Hause genommen werden kann.

Im Klingenmuseum kann in einem kleinen Raum auch in **Kinderbüchern geschmökert** werden. Die Bücher haben eines gemeinsam: In ihnen spielen Waffen, Ritter oder Bestecke eine Rolle, wie zum Beispiel in dem Buch „Der Smaragd aus dem Ritterschwert". Eine kleine Vitrine in Kinderaugenhöhe enthält **Miniaturbestecke des 19. Jahrhunderts** aus Elfenbein sowie Miniaturmesser und Bestecke aus der Zeit des 17. bis 19. Jahrhunderts.

Ein typisches Kunstkammerstück ist eine **Haselnuss, in der sechs winzige Klappmesser Platz finden**. Zu dem großen Guckkasten in der Mitte des Raumes recken sich auch die kleinsten Besucher. Er zeigt Handwerker, die zur Herstellung der Schneidwaren benötigt wurden: den Schmied, den Härter, den Schleifer und den Reider, der die Klinge mit dem Griff verbindet.

Eine weitere Abteilung zeigt **Bestecke aus dem 20. Jahrhundert**. Zur Aussteuer jeder heiratsfähigen Frau, die einen bürgerlichen Hausstand gründen wollte, gehörte eine vollständige Besteckgarnitur. Auch Edelstahlbesteck der 1970er Jahre ist hier zu finden.

Nicht nur im Ausstellungssaal „18. Jahrhundert" erläutern Bilder und Requisiten die Hintergründe zu vielen der Ausstellungsstücke. Hier können wir einen Blick auf eine handfeste **Bauernmahlzeit** werfen, bei der der Holzlöffel ein wichtiges Utensil war, und ebenso auf **eine festliche Tafel**, die um 1750 in Böhmen mit kostbarem Gedeck aufwartete.

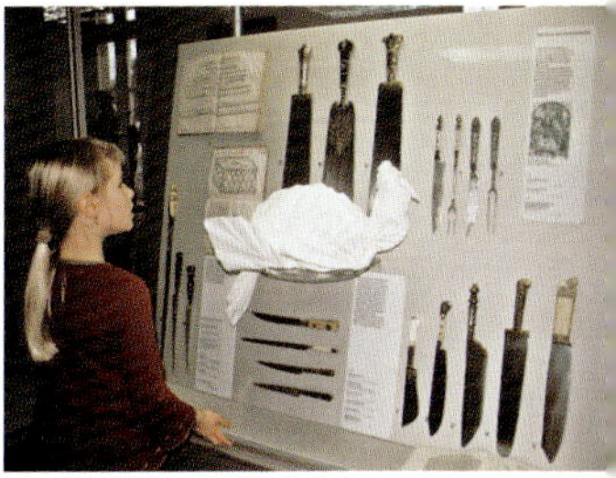

Beim Anblick der ausgestellten Messer wird so manchem Besucher eine Gänsehaut über den Rücken laufen: Bildhauermesser, Flachsmesser und Fleischerhackmesser sind zu sehen, aber auch ein **Richtmesser** und ein **Aderlassmesser**, mit dem bei Patienten das Blut „angezapft" wurde, und in einer Schatulle ein **Attentatsmesser**, mit dem 1762 ein Attentat auf den französischen König Ludwig XV. verübt wurde. Vom Amputationsbesteck ganz zu schweigen.

Neugierig kann man sich anschließend den **Arbeitsutensilien der Messerwerfer**, Degenschlucker und Schwertakrobaten zuwenden. Vor allem die männlichen Besucher werden mit Interesse auch die Vitrinen ansehen, die sich dem **Thema Rasur** widmen. Beim Anblick der unterschiedlichsten Klapp- und Rasiermesser wird so mancher froh sein, dass die Entwicklung inzwischen fortgeschritten ist.

oben: Eine festlich gedeckte Tafel zeigt Porzellan und Besteck um 1750.

unten: Messer für jede Gelegenheit.

Bei unserem Rundgang sollten wir das **Kellergeschoss des Klingenmuseums** nicht vergessen, wo sich die **Arrenbergsche Zinngießer-Werkstatt** befindet. Hier werden das Inventar und die vielfältigen Gussformen des Familienbetriebes, der vermutlich Mitte des 17. Jahrhunderts in Elberfeld gegründet wurde, gezeigt. Die bekannten Dröppelminnen, aber auch Teller, Dosen und zinnerne Messerhefte für Solinger Klingen wurden in diesem Betrieb hergestellt, der zu den größten Zinngießereien im Bergischen Land gehörte. Nach dem Tod des letzten Zinngießermeisters Carl Arrenberg ist das Werkstattinventar 1940 in den Besitz der Stadt Solingen übergegangen. Alfred

Eine Vorführung in der Arrenbergschen Zinngießer-Werkstatt.

Völker, ein Mitglied der Familie Arrenberg, führt regelmäßig **die Technik des Zinngießens** vor.

Zum Abschluss unseres Rundgangs gehen wir hinter der Museumskasse in den Bereich des ehemaligen Gräfrather Klosters, in dem heute der **Gräfrather Kirchenschatz** untergebracht ist. Es ist der Schatz der angrenzenden Klosterkirche, der katholischen Pfarrkirche St. Maria Himmelfahrt. Am Eingang des Ausstellungsraums sind **Glasfenster von Georg Meistermann** zu sehen.

Schon im 13. Jahrhundert pilgerten viele Menschen zu einer Marien-Ikone in dem 1187 gegründeten Augustinerinnenkloster. Gut 120 Jahre nach der Gründung gelangte 1309 die **Reliquie der Hl. Katharina von Alexandrien** hierher. Es heißt, aus dem Knochensplitter der Heiligen sei immer wieder **wundertätiges Öl** geflossen. Die Glasflasche mit dieser Essenz, die so genannte Katharinenflasche, ist Teil des Kirchenschatzes. **Gräfrath wurde ein bekannter Wallfahrtsort**, was mit einem wirtschaftlichen Aufschwung einherging. Davon zeugen auch die hier ausgestellten Reliquiare und das liturgische Gerät aus dem 12. bis 18. Jahrhundert. Der Kirchenschatz erinnert zugleich an die Geschichte des Gebäudes als Kloster, als es mit der angrenzenden Klosterkirche noch eine funktionelle Einheit darstellte.

Am Ende des Raumes befindet sich die freigelegte Kirchenwand der Vorgängerkirche, der romanischen Stiftskirche Gräfrath.

Rundgang durch Gräfrath

Unser **Rundgang durch Gräfrath** führt uns durch die Altstadt zum früheren Standort des Klingenmuseums, dem heutigen Museum Baden, von dort zum Tierpark Fauna und durch den Stadtgarten wieder zurück zum Klingenmuseum.

Am Chor der Pfarrkirche St. Maria Himmelfahrt.

Am Museumsausgang wenden wir uns nach rechts und umrunden die ehemaligen Klostergebäude und auch die angrenzende **Klosterkirche**. 1
Sie ist das älteste Gebäude Gräfraths, das aber wie auch das Kloster selbst mehrfach baulich verändert wurde. Nachdem ein Feuer 1717 große Teile des Klosters und der Kirche zerstört hatte, erfolgte der Wiederaufbau im Stil des Barock. Noch heute ist der damals entstandene, achtseitige Dachreiter mit Zwiebelhaube das weithin sichtbare Wahrzeichen Gräfraths. Drei spätbarocke Altäre schmücken den Innenraum des Gotteshauses, dessen Kirchenschatz wir gerade schon im Museum bewundern konnten.

Gegenüber dem Kirchenportal führt eine steinerne **Kirchtreppe** mit über 70 Stufen hinunter **in den historischen Stadtkern von Gräfrath**, der geprägt ist vom „Bergischen Dreiklang" Schwarz-Weiß-Grün. Schwarz sind die verschieferten Fachwerkhäuser, weiß die Fenster- und Türrahmen, grün die Schlagläden. Direkt am Anfang der Treppe liegt an der Klostermauer **Steines 2**, ein etwa zehn Jahre altes Wohnhaus, das zeigt, wie einfühlsam hier ein Neubau in den seit 1988 als Denkmalbereich ausgewiesenen Stadtkern eingefügt wurde.

Am Ende der Treppe stehen wir auf dem **Marktplatz** der ehemals selbstständigen Kleinstadt Gräfrath, die seit 1929 ein Stadtteil Solingens ist. Dort, wo unterirdisch die Quellbäche der Itter zusammenfließen, steht auf dem Markt seit 1730 der **Brunnen**. Gräfrath präsentiert sich hier als ein gastlicher Ort mit vielen Möglichkeiten zur Einkehr. Ein Bummel lohnt sich aber auch wegen der interessanten 2

Über dem Gräfrather Marktplatz erhebt sich die Klosterkirche. Vom Kirchenportal führt die Treppe bis hinunter zum Marktplatz.

historischen Gebäude. Neben der Treppe liegt das heutige **Kaffeehaus**. Es stammt aus der ersten Hälfte des 18. Jahrhunderts. Nach vielen Veränderungen wurde seine heutige Form schon von dem Landschaftsmaler Friedrich August de Leuw gegen 1837 dargestellt. Im ersten Obergeschoss der Gaststätte zeigen Wandmalereien biblische Motive.

Schräg gegenüber dokumentiert das dreigeschossige **Jugendstilgebäude**, dass schon damals Verkehrsplanungen die Städte veränderten. Denn das Eckgebäude, das vorher dort stand, musste der Straßenbahn mit ihrem großen Schienenradius weichen.

Hinter dem Haus **Markt 4** verbirgt sich eine Besonderheit: Mit etwas Abstand von schräg rechts betrachtet, erkennt man das etwas höhere Hinterhaus. Dies ist das älteste erhaltene Steinhaus von Gräfrath. Schon vor 1700 entstanden, lassen die über einen Meter dikken Wände vermuten, dass es sich hier um die **Reste eines mittelalterlichen Fluchtturms** handelt, eine letzte Zuflucht vor Eindringlingen.

Viele Häuser um den Marktplatz wurden von Kaufleuten gebaut. So auch **Markt 3**, das 1829 durch ein neues Dach aus zwei Häusern zusammengefügt wurde. Der geflügelte Merkurstab mit einander zugewandten Schlangen zeugt von dem Beruf des Bauherrn, war doch Merkur der römische Schutzgott der Kaufleute.

Am Ende des Marktplatzes liegt das **Hotel zur Post**, das seine historische Funktion noch heute im Namen verrät. Der aus drei hintereinander gebauten Häusern bestehende Komplex war im 19. Jahrhundert die **Haltestation der Postkutsche**. Das Tor für die Hofeinfahrt ist noch vorhanden.

Gegenüber liegt die 1688 errichtete, **evangelische Kirche**, ein schlichter Saalbau mit steilem Walmdach und sechseckigem Dachreiter. Die Straße „In der Freiheit" führt uns nach Süden aus dem engeren Altstadtkern hinaus. Das Haus Nr. 28, ein **ehemaliges Kaufmanns-** 3 **haus** mit einer repräsentativen Fassade, wurde Anfang des 18. Jahrhunderts erbaut, kurz nachdem die Wall-und Grabenanlagen der Stadt eingeebnet worden waren. Auf der gegenüberliegenden Straßenseite wohnte in dem **verschieferten Fach-** 4 **werkhaus** mit der breiten Freitreppe bis zu seinem Tode 1861 der große Sohn Gräfraths, der Augenarzt Dr. Friedrich Hermann de Leuw, zu dem die Patienten von weit her kamen. Angrenzend an sein 1824 erbautes Wohnhaus ließ er zwei Jahre vor seinem Tod ein **Praxisgebäude** mit Operationszimmer bauen. Heute befindet sich darin ein Lokal, in dem das ehemalige Wartezimmer mit den hohen Fenstern und der prunkvoll gestalteten Zimmerdecke besonders sehenswert ist.

Das Hotel „Zur Post" am Gräfrather Marktplatz ist ein Haus mit langer Tradition.

Wir folgen der Straße weiter zum Haus Nr. 17. Es beherbergte **1881-1908 die Stadtverwaltung**. Zu dieser Zeit verfügte der symme- 5 trisch gegliederte Fachwerkbau über einen mittig gelegenen Eingang, was heute nur noch am Putz des Steinsockels zu erahnen ist. Die Straße „In der Freiheit" mündet in die Wuppertaler Straße, die 1936 als Umgehungsstraße gebaut wurde. Wir gehen sie ein Stück nach links. Auf der anderen Straßenseite befindet sich das **ehemali-** 6 **ge Bahnhofsgebäude** der Bahn von Gräfrath nach Vohwinkel, das 1887 mit Elementen des damals beliebten so genannten Schweizer Landhausstils erbaut wurde.

Ein Stück weiter liegt das **Museum Baden**. Das schlossartige Ge- 7 bäude wurde 1908 im so genannten Bergischen Stil als Rathaus von Gräfrath erbaut. Ratssaal und Uhrenturm waren auf den alten Stadt-

Einst als Rathaus erbaut, beherbergt das Gebäude heute das Museum Baden.

kern des Ortes ausgerichtet. In den 1950er Jahren war das Gebäude der Sitz des Deutschen Klingenmuseums. Als dieses ins Kloster umzog, wurde das ehemalige Rathaus zu einem Kunstmuseum umgebaut und erweitert. Seit 1996 beherbergt das imposante verschieferte Gebäude nun die Sammlung der Stadt Solingen. **Meisterwerke der Malerei, Skulptur und Grafik sowie kunstgewerbliche Objekte** sind hier zu sehen. Zu den Schwerpunkten der Solinger Kunstsammlung gehören auch Gemälde und Grafiken von Georg Meistermann, einem Sohn der Stadt. Ein Besuch dieses Museums lohnt sich allemal. Auch hier ist im Museumsshop gutes Design Trumpf.

Unser Rundgang führt uns weiter nach links durch die Melanchthonstraße, die schließlich in die Lützowstraße übergeht, zum **Tierpark Fauna**. Ziegen, Schafe, Ponys, Kängurus, aber auch Affen, Luchse, Schlangen sowie viele Papageien und Flughunde kann man hier beobachten. Einige Tiere darf man auch streicheln und mit dem vor Ort zu kaufenden Futter füttern.

8

Im Tierpark Fauna gibt es viele Tiere zu bewundern.

9

Durch den angrenzenden **Stadtgarten** dauert der Weg zurück zum Deutschen Klingenmuseum nur einige Minuten.

Adressen in und um Gräfrath

7 **Museum Baden**
Tel.: 0212-2581411 / Fax: 0212-2581444
Internet: www.museum-baden.de

Hotel „Zur Post"
Markt / Tel.: 0212-59711

Gaststätte „Kaffeehaus"
Markt / Tel.: 0212-593322 oder -593312

8 **Tierpark Fauna**
Markt / Tel.: 0212-591256
Geöffnet: täglich ab 9 Uhr, Sommer bis 18 Uhr, Winter bis 17 Uhr
Eintritt: Erwachsene 3,50 €, Kinder ab 4 Jahren 2 €

RIM Solingen Gesenkschmiede Hendrichs
Merscheider Straße 289-297
42699 Solingen-Merscheid
Tel.: 0212-232410 / Fax: 0212-320429
www.rim.lvr.de
Geöffnet: Di-So 10-17 Uhr / öffentliche Führungen jeweils So 14 Uhr

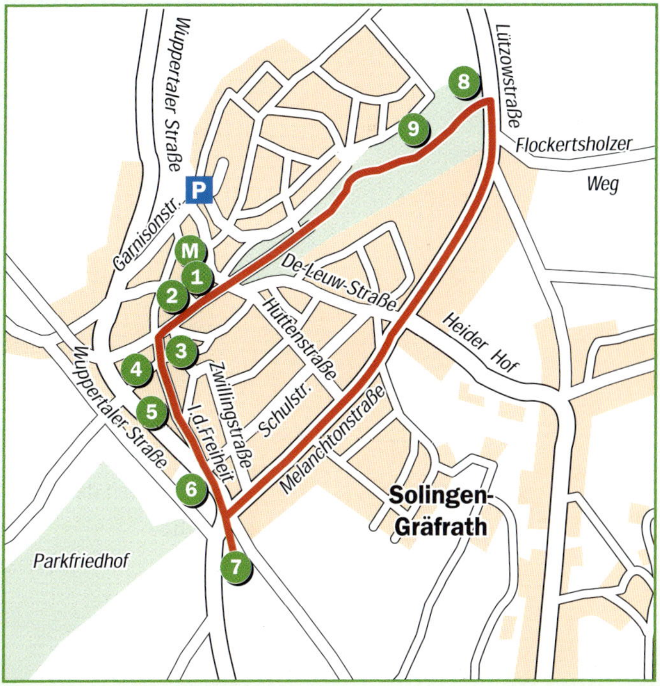

Deutsches Werkzeugmuseum in Remscheid-Hasten

Vom Faustkeil zur High-Tech

Im Deutschen Werkzeugmuseum erleben wir eine spannende, moderne Ausstellung über Werkzeuge und ihre Geschichte, von den Anfängen in der Steinzeit bis in unser Computerzeitalter. Viele Stationen laden zum Selbermachen und Ausprobieren ein. Danach erkunden wir in den idyllischen Tälern von Gelpe und Saalbach ein historisches Zentrum der Eisenproduktion – heute attraktiv durch Ausflugsgaststätten mit Biergarten, Kahnweiher und Minigolf sowie einen Waldlehrpfad und das Kulturdenkmal Ronsdorfer Talsperre.

Im Kontor Remscheider Werkzeughändler kann man selbst aktiv werden.

Kurzinfo

Deutsches Werkzeugmuseum
Cleffstr. 2-6 / 42855 Remscheid
Tel.: 02191-1625 / Fax: 02191-163155
E-Mail: werkzeugmuseum-hiz@str.de
Internet: www.werkzeugmuseum.org (mit virtuellem Museumsrundgang)

Geöffnet:
Di-Sa 9-13, 14-17 Uhr
So 10-13 Uhr

Eintritt frei

Service
Veranstaltungsprogramm mit Vorträgen, Führungen, Workshops für Kinder
Faltblatt gratis, umfangreicher Museumsführer

Außenstelle Steffenshammer:
Gruppenführungen mit Vorführung auf Anfrage beim Werkzeugmuseum, gebührenpflichtig

Stadt Remscheid
Büro Oberbürgermeister / Presse- und Öffentlichkeitsarbeit
Theodor Heuss Platz 1, Rathaus
42853 Remscheid
Tel.: 02191-16-2288 / Fax: 02191-16-2621
E-Mail: oeffentlichkeitsarbeit@str.de
Internet: www.remscheid.de/Besucherinfos

Anfahrt per Auto:
A 1 Abfahrt Remscheid, Richtung RS-Zentrum, später RS-Hasten.
A 46 Abfahrt Wuppertal-Elberfeld, über die L415 Richtung Remscheid
Parkplatz dem Museum gegenüber (ausgeschildert),
Behindertenparkplätze neben dem Museum Cleffstraße 6.

ÖPNV:
Bahn: bis Hbf Remscheid, Bus in Richtung Fr.-Ebert-Platz
Busbahnhof: Linien 615, 651, 653 bis Haltestelle Hasten Museum
Von Wuppertal Hbf Linie 615 bis Haltestelle Hasten Museum

Das Deutsche Werkzeugmuseum in Remscheid-Hasten beherbergt eine umfangreiche technik-, sozial- und kulturgeschichtliche Sammlung von Werkzeugen verschiedener Jahrhunderte, die in dieser Form einmalig in Mitteleuropa ist. In Remscheid, dem jahrhundertealten Zentrum der Werkzeugherstellung, wird diese hochinteressante Sammlung besucherfreundlich präsentiert in einem modernen, hellen Gebäude an historischem Standort. In einem Video können sich die Besucher zu Beginn kurz über das Deutsche Werkzeugmuseum und seine thematischen Ausstellungsschwerpunkte informieren.

Das Schild des Deutschen Werkzeugmuseums.

Wer die frühesten Werkzeuge zuerst entdecken möchte, beginnt seinen Museumsrundgang im Obergeschoss. Im ersten Raum bekommen wir einen Einblick in den Wandel der Werkzeugherstellung über die Jahrtausende, betrachten steinzeitliche **Faustkeile**, sehen den nachgestellten **Arbeitsplatz eines Bronzegießers** und eine Auswahl römischer Werkzeuge. Wenn wir den Schaber betrachten, der einem steinzeitlichen Vorbild nachempfunden wurde, bekommt man eine Ahnung, wie mühsam es früher gewesen ist, Tierhäute für die Gerberei zu behandeln. Den Bogen zur jüngeren Vergangenheit schlägt eine **Bohrerschmiede** aus dem 19. Jahrhundert.

Werkzeug aus der Steinzeit zum Ausprobieren.

In dem nachgebildeten, historischen Kontor eines großen Remscheider Exporthandelshauses können wir nachvollziehen, wie die immer vielfältiger gewordenen Werkzeuge gehandelt und vertrieben wurden. Der **Werkzeughandel** verknüpft die Werkzeughersteller und die Anwender von Werkzeugen. Remscheider Großkaufleute betrieben im 18. und 19. Jahrhundert einen intensiven **Überseehandel**, einige sogar mit eigenen Handelsschiffen. Am großen Schreibtisch aus dunklem Holz fällt unser Blick auf hölzerne Versandkisten für den Transport per Schiff nach Übersee und auf die **Weltkarte** mit den markierten Handelsniederlassungen eines Remscheider Werkzeughandelshauses. **Viel Spaß** macht es, sich mit großen Stempeln, die dort zur Verfügung stehen, einen Abdruck im Stil eines Händler-Musterblatts zu machen, eine schöne Erinnerung an den Museumsbesuch.

Als „Bergische Bibel" galten die **Musterbücher** des Lithographen Ernst Vossnack, der jedem Hersteller oder Verkäufer sein individuelles „Musterbuch in Eisen- und Stahlwaren" zusammenstellte.

Werkzeuge sollen funktionieren, ihre Form wird von der Funktion her bestimmt. Dennoch unterliegt die Form vieler Werkzeuge im Laufe der Zeit überraschenden Wandlungen. Wir staunen über Werkzeuge des 15. bis 18. Jahrhunderts mit reichen **Verzierungen**, beispielsweise Darstellungen von Tierköpfen an Griffknäufen oder ornamentales Blattwerk auf den Flächen. Heutzutage spielen Erkenntnisse aus der Ergonomie bei der Entwicklung von Werkzeugen eine wichtige Rolle. Beim **Ergo-Werkzeug** geht es darum, Funktion und Handhabung hinsichtlich der Anwendung des Werkzeugs zu optimieren. Hier können wir einige dieser neuartigen Werkzeuge auch einmal ausprobieren, manchen wird ihre ungewohnte Form sicher etwas irritieren. Aber neben der Form sind auch die Materialien der Griff- und Bedienelemente wohl durchdacht, ebenso wie das Gewicht für eine optimale Handhabung, die Gewichtsverteilung bezüglich Schwerpunkt und Balance und Aspekte wie Geräuschentwicklung, Vibration, Lärmerzeugung oder Funkenbildung.

Im Schubladenschrank gibt es viele unterschiedliche Werkzeuge zu entdecken.

In der Feilenhauerei können große und kleine Besucher historische Technik ausprobieren.

Von der **Galerie** im Obergeschoss haben wir einen guten Überblick über die geräumige, lichtdurchflutete Ausstellungshalle im Erdgeschoss mit der großen Dampfmaschine, die wir uns genauer ansehen wollen.

Zunächst informieren wir uns im Erdgeschoss jedoch über die **Zentren der deutschen Werkzeugindustrie**. Auf einer Deutschlandkarte entdecken wir, dass sich in einigen Gebieten eine deutliche Konzentration von Betrieben ausgebildet hat. Anhand von historischen Fotos und Texterläuterungen werden drei Regionen näher vorgestellt. Das sind natürlich **Remscheid und das Bergische Land** sowie die Region um Schmalkalden in Südthüringen, deren Tradition der Kleineisen-Produktion bis ins Mittelalter zurückreicht, und die Gegend um das württembergische Esslingen.

In der historischen **Feilenhauerei** zeigen alte Dokumente, wie viele Arbeitsschritte erforderlich waren, um aus einem Stück Rohstahl eine funktionstüchtige Feile herzustellen. Die Feile gehört zu den wichtigsten und ältesten Werkzeugen überhaupt, mit ihr kann man Gegenstände in ihrer Form verändern oder sie durchtrennen. Das Werkzeug hat scharfe Einkerbungen und muss vor allem schärfer oder härter als das zu bearbeitende Material sein. Hier macht es besonderen **Spaß**, einmal **selbst am Arbeitsplatz des Feilenhauers Platz zu nehmen**.

Im 19. und 20. Jahrhundert wurde die handwerkliche Arbeit nach und nach durch die Mechanisierung der Arbeitsprozesse ersetzt. Im nächsten Ausstellungsbereich finden wir viele Informationen über die **kleinindustrielle** Fertigung von Werkzeugen mit **Werkzeugmaschinen**. An einigen von ihnen, wie zum Beispiel an einer **Drehbank**, können wir **ausprobieren**, wie die Werkstücke von der Maschine geführt werden, die von einem qualifizierten Facharbeiter bedient wurde. Der **Antrieb der Maschinen** erfolgte per Hand, mit Wasser- oder Dampfkraft, später auch elektrisch. Dazu sehen wir in der großen

Ausstellungshalle die mächtige **Dampfmaschine von 1907**, die in einer früheren Werkzeugfabrik über die Transmissionsanlage, bei der die Kraft mit starken, über große Räder laufende Lederbändern übertragen wurde, mehrere Maschinen angetrieben hat. Die ausgestellten Antriebsmaschinen, darunter auch ein historischer Elektromotor aus der Zeit um 1900, leiten thematisch über zur **industriellen Werkzeugfertigung**. Mit der Zusammenfassung der einzelnen Arbeitsschritte in einem großen **Fabrikgebäude**, in dem Maschinen zur Herstellung der Werkzeuge verwendet wurden, gingen enorme Veränderungen einher. Trotz steigender Beschäftigtenzahl pro Betrieb blieben Werkzeughersteller mittelständische Unternehmen. Die **Arbeitsteilung** blieb hoch, zu den produzierenden Tätigkeiten kamen Entwurf, kaufmännische Kalkulation und Qualitätskontrolle dazu. Eine ganz neue Berufsgruppe entstand damals, die der Angestellten wie Werkmeister, Ingenieure, Schreiber oder Buchhalter. Ihre soziale Stellung war zwischen Arbeiter und Unternehmer angesiedelt.

Konzentriert testen die Besucher, ob sie für die Arbeit an der Drehmaschine geeignet sind

An dieser Stelle wird auch an die Bedeutung der **Fabrikdisziplin** erinnert, die in krassem Gegensatz zu der zwar arbeitsreichen, aber im Kleinen doch selbstbestimmten Tätigkeit des selbstständigen Feilenhauers stand. Uns gefiel am besten das Plakat, auf dem ein Arbeiter um fünf nach sechs in der Frühe mit wehender Jacke auf das Fabriktor zuläuft, das gerade vom Pförtner geschlossen wird, mit dem Text: **„Pünktlichkeit ist besser als die schönste Entschuldigung."**

Von der Feilenfabrik zum Großkonzern entwickelte sich ab dem 18. Jahrhundert das Remscheider Unternehmen **Mannesmann**.

Die sensationelle Entwicklung sehr belastbarer, **nahtloser Rohre**, die im 1891 patentierten so genannten Pilgerverfahren hergestellt wurde, machte die Brüder Reinhard und Max Mannesmann berühmt. Sie exportierten ihre Artikel in die ganze Welt.

Heute ist alles anders, und ohne **Computer** läuft in der modernen Werkzeugfabrik nichts mehr. An je zwei Videomonitoren und Computerstationen können wir die Situation moderner Werkzeugfertigung erkunden. Die Programmierung computergesteuerter **CNC-Maschinen** ist inzwischen ein wichtiger Teil der Arbeit des Werkzeugmachers, einem hochqualifizierten Ausbildungsberuf. **Moderne Werkstoffe** wie Hochleistungs-Schnellstahl, HSS, beim Schneiden, Bohren, Fräsen; Keramikplatten beim Schneiden hochlegierter Verbundwerkstoffe und Schneidstoffe auf der Basis von kubischem Bornitrid oder Diamant ermöglichen **hohe Standzeiten bei geringem Werkzeugverschleiß**.

Nach Abschluss des Museumbesuchs gehen wir noch eine Runde durch das benachbarte **Haus Cleff**. Das **historische Rokoko-Wohnhaus** war seit dem Ende des 18. Jahrhunderts Wohn- und Geschäftshaus international tätiger Werkzeugkaufleute und ist heute als Museum der Öffentlichkeit zugänglich.

In Haus Cleff ist großbürgerliche Wohnkultur des 19. Jahrhunderts zu bewundern.

Wanderung durch das Gelpe- und das Saalbachtal

Entlang der Strecke informieren übersichtliche Tafeln.

Vom Museum aus führt ein 1,3 km langer Weg die Kratzberger Straße mit vielen schönen alten Schieferhäusern und weiten Blicken über die bergischen Höhen hinunter zum Ausgangsort unserer Wanderung, dem Ort **Clemenshammer**. Es ist auch möglich, über die Landstraße zum kleinen Wanderparkplatz Clemenshammer zu fahren. 1

In Clemenshammer können wir uns an einer sehr übersichtlich gestalteten Informationstafel einen Überblick verschaffen. Das **Historische Gelpetal** mit seinem umfangreichen, gut ausgeschilderten Netz von Wanderwegen und den einladenden Ausflugslokalen ist ein **beliebtes Naherholungsgebiet**. Der Weg durch die idyllischen Täler von Gelpe und Saalbach führt vorbei an den Überresten vieler ehemaliger Mühlen und Hämmer, die mit Wasserkraft betrieben wurden. Anschaulich gestaltete Informationstafeln erläutern technische, historische und landschaftliche Zusammenhänge. Das Gelpetal war über Jahrhunderte eine bedeutende Region der Eisenverarbeitung. An Gelpe und Saalbach, denen unsere 10 km lange Wanderung folgt, standen einst 25 Wassertriebwerke, von denen einige noch bis ins 20. Jahrhundert hinein in Betrieb waren. Aus dieser Epoche der bergischen Frühindustrialisierung sind heute, abgesehen vom Steffenshammer, nur noch Reste von Hämmern und Schleifkotten vorhanden.

Rast am Steffenshammer.

Die Ausflugsgaststätte Zillertal ist in schweizerisch-bergischem Stil gestaltet.

1 Keine 100 Meter weiter links von der Informationstafel liegt der **Steffenshammer**, eine Außenstelle des Deutschen Werkzeugmuseums. Dieser historische Wasserhammer von 1746 ist der einzige noch erhaltene in diesem Gebiet und wird gelegentlich für Schmiedevorführungen genutzt. Dann kann man sehen, wie sich die acht Tonnen schwere Holzwelle dreht, angetrieben von einem großen außenliegenden Wasserrad. Eingelassene Zapfen heben den Schwanzhammer, der dröhnend auf den Amboss niederfällt. Über ein zweites, kleineres Wasserrad trieb eine Transmission früher Federhammer, Schleifstein und das Gebläse des Schmiedefeuers an. Das Nachbargebäude, die „Kiepe", ist ein ehemaliges Kleinschmiedehaus.

Wir folgen dem Zeichen mit dem gelb-schwarzen Mühlrad. Ein bequemer, breiter Weg führt am Talhang entlang in den Wald. Ersten Infotafeln entnehmen wir Wissenswertes über die Produktionsweise des hochwertigen Raffinierstahls und der heimischen Holzkohle, die in mächtigen, qualmenden Meilern nicht weit vom Ort des Verbrauchs entfernt hergestellt wurde.

2 Am **Angelteich** stand einst der Reinshagenshammer, der 1649 die Konzession erhielt und erst 1925 seine gewerbliche Tätigkeit einstellte. Von diesem Standort ist heute fast nichts mehr zu sehen. Ein Pegel von 1862 im Obergraben verweist auf die 1853 erlassene Bach- und Flurpolizeiverordnung, sie schrieb Pegel für alle Wassertriebwerke vor. Etwas weiter überqueren wir die Gelpe, deren Tal hier als Naturschutzgebiet ausgewiesen ist. Bis in die 1950er Jahre stand
3 hier noch der **Westerhammer**, der dann im Bergischen Museum für

Bergbau, Handwerk und Gewerbe in Bergisch Gladbach-Bensberg wieder aufgebaut wurde. Vorbei am ehemaligen Standort des Wolfertshammers erreichen wir die beliebte **Ausflugsgaststätte Zillertal** mit einem großen Biergarten inmitten liebevoll gestalteter Gartenterrassen, mit Spielplatz und Kahnweiher. Nebenan bieten **Minigolf-Anlage** und **Ponyreiten** vielfältigen Freizeitspaß. 4

Dann passieren wir die Hundsschüppe, ebenfalls ein ehemaliger Hammer, 1686 konzessioniert. Ein wenig weiter stand früher der Friedrichshammer, konzessioniert 1693, abgebrochen 1903. Er hatte im frühen 19. Jahrhundert zwei Wasserräder, ganz typisch, eins für den Antrieb des eigentlichen Hammers, das andere, um den großen Blasebalg für das Feuer zu betreiben.

Am Büngeshammer schwimmen zur Freude der Spaziergänger **Enten auf dem ehemaligen Mühlteich**, und hinter dem Zaun laufen Gänse schnatternd hin und her. Ein weiteres einladendes **Ausflugslokal** ist die Gaststätte Käshammer mit Biergarten und schönem Blick aus dem Saal über das Gelpetal. Der historische **Käshammer** liegt etwas unterhalb am Bach. Zur Herstellung von hochwertigem Raffinierstahl hatte er im ersten Drittel des 19. Jahrhunderts sogar drei Wasserräder, zwei davon für die Blasebälge. Den charakteristischen Fachwerkaufbau, dessen weiße Gefache zwischen den schwarzen Holzbalken **schön restauriert** im Sonnenlicht strahlen, erhielt das Gebäude erst Ende des 19. Jahrhunderts. 5 6

Am Stauteich des Büngeshammer wollen die Enten gefüttert werden.

Wanderer treffen sich an der Gaststätte Käshammer.

Der Käshammer gilt als Wahrzeichen des Gelpetals.

Vorbei am Standort des Jasperskottens und einer Ruhebank des Gelpetaler Verschönerungs- und Verkehrsvereins erreichen wir den Tippelskotten, der 1768 konzessioniert und 1913 abgebrochen wurde, nur der Stauteich ist erhalten geblieben. An dem ehemaligen Standort des **Meistershammers** machen wir eine Linkskurve, über-
7 queren die Gelpe und gehen eine Weile am anderen Ufer bachaufwärts. Der Meistershammer bestand schon im frühen 19. Jahrhundert und wurde bis 1966 vergleichsweise lange betrieben, 1977 schließlich abgerissen. Sein Stauteich etwa 150 Meter oberhalb ist noch gut zu erkennen. Oberhalb des Teichs sehen wir am Standort des ehemaligen Kremerskottens zwei Brücken im Bachtal. Eine führt über die Gelpe, die andere über den Untergraben, der früher das Triebwasser des Wasserrads für Schleiferei und Hammerwerk dem Bach wieder zuführte.

Am **Oberen Janssenkotten** erinnert der mächtige Schornstein mit
8 der Aufschrift „I. Jansen 1858" an das früher völlig andere Aussehen des heute so ruhigen Tals. Von hier an folgen wir dem Fahrweg nicht weiter, sondern wenden uns nach rechts, gehen vorbei an einer Schutzhütte und einem mächtigen **Ilex**. Diese **Stechpalme** oder **Hülse**, wie die Pflanze auch genannt wird, mit ihren hartlaubigen, immergrünen Blättern und den dekorativen roten Beeren findet sich auf trockenen Standorten in den bergischen Wäldern und steht unter Naturschutz. Wir passieren den Pickardskotten und das Speckshämmerchen. Etwa 5-10 Minuten später ist der **höchste Punkt gelpeaufwärts** erreicht. Wir ändern erneut die Richtung, folgen dem Schild
9 „W Ronsdorfer Talsperre 2 km – SGV" nach rechts und überqueren

den Bach. Auf dem breiten Reitweg bleiben wir rund 50 Meter, gehen dann einen schmaleren Weg links bergauf, der auch als Reitweg ausgewiesen ist. Nach 100 Metern taucht die Markierung „W" wieder auf; ist links ein Holzgatter zu sehen, kommt Wanderweg ▲ dazu und wir folgen W ▲.

Durch **alte Hohlwege** geht es weiter den Berg hinauf, erst durch hohen **Buchenwald**, dann durch Tannenwald. Beim Hochstand verlassen wir den Wald und gehen quer über die **Wiese**, weiter bergauf bis zur Straße **„Am Sonnenblick"**, der wir folgen, vorbei an den letzten Häusern der Ortschaft Holthausen. Jetzt sind wir oben angelangt und **genießen den weiten Blick** über die Höhen. An wolkenlosen Tagen kann man hier farbenfrohe Heißluftballons am Himmel beobachten.

Auf bequemen Wegen macht Wandern Spaß.

Rechts die Holthauser Straße hinunter und schon nach 20 Metern links in Richtung „Klinik" führt unser Weg weiter. Die **Klinik Bergisch** 10 **Land** der LVA Rheinprovinz mit ihren historischen Gebäuden liegt in einem weitläufigen, parkartigen Gelände. Vor ihrem Tor wenden wir uns nach links und gehen an hohen **Ilex-Sträuchern** vorbei. An der Helene-Henk-Schutzhütte biegen wir nach links, nach 50 Metern erneut nach links und steigen hinab in das Saalbachtal. An dem parallel zum Hang verlaufenden Weg stehen Tafeln eines **Waldlehrpfads** mit 11 Informationen über heimische Baumarten, die **Waldökologie** und Schäden durch sauren Regen.

Schon bald ist die kleine **Ronsdorfer Talsperre** zwischen den Bäu- 12 men zu sehen. Sie wurde 1898/99 von dem renommierten Aachener Wasserbau-Professor Intze als Trinkwasserreservoir für die Stadt Ronsdorf erbaut und war bis in die 1950er Jahre in Betrieb. Nach ihrer Übernahme durch den Wupperverband 1999 begann eine grund-

Staumauer und Entnahmeturm der Ronsdorfer Talsperre: Ein Denkmal zum Begehen.

legende Sanierung, die die Erhaltung und den **Schutz der Flora und Fauna** in und an der Talsperre ebenso berücksichtigt wie deren Eigenschaft als **Kulturdenkmal**. Talsperrenmauer, Entnahmeturm, Überlaufrinne und der Springbrunnen talabwärts sind die letzten sichtbaren baulichen Zeugnisse, die den Beginn der Wasserversorgung in der damals selbstständigen Stadt Ronsdorf dokumentieren. Die wasserwirtschaftliche Aufgabe der sanierten Talsperre wird in der Zu- und Abflusssteuerung liegen.

Nun trennen uns nur noch anderthalb Kilometer auf einem bequemen, bergab führenden Weg vom Beginn unseres Rundwegs durch das Zillertal. Hier steigt die Dichte der Informationstafeln wieder, und neben weiteren ehemaligen Standorten von Hämmern und
13 Kotten können wir hier noch andere Hinweise auf die **Geschichte in der Landschaft** entdecken. **Hohlwege** führten damals von den trockenen Handelswegen auf der Höhe in die sumpfigen Tälern hinab, ausgefahren von den Karrenrädern. Im Tal links fällt rotes Wasser auf, und auf einer Informationstafel folgt der Hinweis auf den ehemaligen Abbau und die Verhüttung von Eisenerz an dieser Stelle.

Die **Arbeitsstätten der Hammerschmiede** waren zugleich ihre Wohnsitze, die Kaufleute dagegen wohnten in den nahen Dörfern, und vieles über die Arbeit im **Schleifkotten** lernen wir hier auch.

4 Am **Zusammenfluss von Saalbach und Gelpe** beim **Zillertal** angelangt, können wir uns Zeit für eine Runde Minigolf oder Ponyreiten nehmen oder uns stärken, bevor wir den Weg zur Ortschaft **Clemens-**
1 **hammer** oder weiter zum Deutschen Werkzeugmuseum in Remscheid-Hasten zurückgehen.

Adressen in und um Remscheid

4 **Ponyreiten am Zillertal**
März bis November, nur am Wochenende: Sa 13-18 Uhr, So 10-18 Uhr

12 **Ronsdorfer Talsperre**
www.wupperverband.de

Ein aktuelles **Faltblatt mit Übersichtskarte** und Informationen zum Geschichtslehrpfad **„Historisches Gelpetal"** ist kostenlos erhältlich bei den Unteren Denkmalbehörden der Städte:
Remscheid / Tel.: 02191-16399 und 02191-2302
Wuppertal / Tel.: 0202-5635385 und 0202-5635789

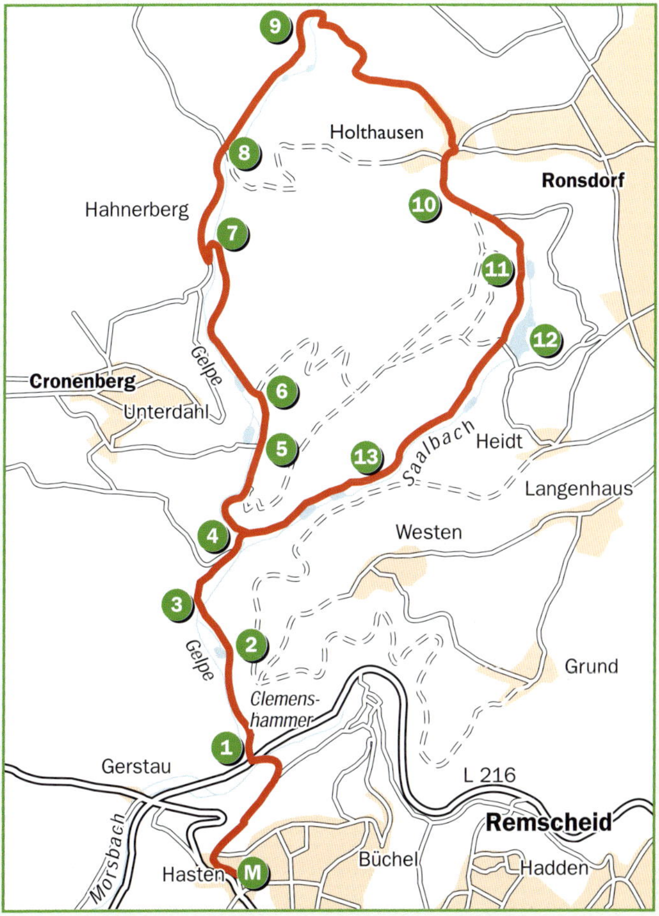

Schloss Burg in Solingen-Burg

Zeitreise ins Mittelalter

Ein Ausflug zu Schloss Burg und der Müngstener Brücke ist der Klassiker schlechthin unter den Tagesausflügen ins Bergische Land. Und immer wieder gibt es etwas Neues zu entdecken. Auf Schloss Burg residierten die Grafen von Berg, nach denen das Bergische Land seinen Namen hat. Prächtige Säle, der mächtige Bergfried, die Präsentation der bergischen Geschichte und der wunderbare Fernblick beim Genuss von Bergischen Waffeln sind ein Erlebnis. Nach der Seilbahnfahrt ins Tal der Wupper erkunden wir das Örtchen Unterburg, anschließend führt der Spaziergang entlang der Wupper auf bequemen Wegen zur Müngstener Brücke, der höchsten Eisenbahnbrücke Deutschlands.

Auf Schloss Burg gibt es viel zu entdecken.

Kurzinfo

Schloss Burg an der Wupper und Schlossmuseum
Schlossbauverein, Schlossplatz 2 / 42659 Solingen
Tel.: 0212-2422626 (Kasse) / 0212-242260 (Schlossbauverein)
Fax: 0212-2422640
E-Mail: schloss.burg@t-online.de
Internet: www.schlossburg.de

Geöffnet:
März-Oktober Di-So 10-18 Uhr, Mo 13-18 Uhr
November-Februar Di-Fr 10-16 Uhr, Sa-So 10-17 Uhr, Mo geschlossen

Eintritt:
Familienkarte 10 €, Erwachsene 3,50 €, Ermäßigung 2,50 €
Kinder und Schüler 2 € / Gruppenermäßigungen

Service:
Führungen (etwa 60 Minuten), nach Voranmeldung 0212-2422626
für Schulklassen 26 €, Gruppen ab 31 € (je nach Wochentag und Sprache)

Infos über Solingen:
Stadt Solingen / Stadtinformation
Postfach 100165 / 42648 Solingen
Tel.: 0212-19433
Fax: 0212-2902209
E-Mail: stadtinfo@solingen.de
Internet: www.solingen.de

Anfahrt mit Bus und Bahn:
Busverbindungen von Solingen, Remscheid und Wermelskirchen.
Regionalbahn RB 67 Solingen-Remscheid bis Haltepunkt Solingen-Schaberg, von dort Wanderwege bis Unterburg, mit der Seilbahn von Unterburg nach Oberburg zum Schloss.

Anfahrt mit dem Auto:
A1 Dortmund–Köln bis Abfahrt Schloss Burg/Wermelskirchen, der Beschilderung folgen (2 km).

Graf Engelbert II. war der Bedeutendste der Berger.

Schloss Burg bietet vielfältige Erlebnisse: Im Zentrum steht die Burg mit ihren Toren und Türmen, Mauern, Wehrgängen, mit Rittersaal und Kemenate. Das Bergische Museum in Schloss Burg ermöglicht einen eindrucksvollen Einblick in Geschichte und Kultur des Mittelalters, das Leben auf dem Schloss über die Jahrhunderte sowie in Alltagskultur, Handel und Wandel im Bergischen Land. Die Häuser der Vorburg schließlich, der ehemaligen Handwerkersiedlung, bieten heute vielfältige Gastronomie und ausgefallenes Kunsthandwerk.

Angelegt wurde die Burg der Grafen von Berg bereits im **12. Jahrhundert**. Anfang des 13. Jahrhunderts veranlasste Engelbert II., der Mächtigste der Berger (um 1185-1225, Graf ab 1218), einen maßgeblichen Ausbau der Burg. Als Engelbert I. war er auch Erzbischof von Köln, doch wurde er von Verschwörern 1225 ermordet. Die dramatische Szene seiner Verfolgung ist im Rittersaal des Schlosses auf einem Wandgemälde dargestellt. Die Gebeine Engelberts liegen im Kölner Dom, sein Herz im Altenberger Dom.

Ende des 14. Jahrhunderts verlegte Wilhelm II. als erster Herzog von Berg seine Hofhaltung nach Düsseldorf. Damit verlor die Burg ihre ursprüngliche Funktion. Als **„Schloss" Burg** wurde sie gelegentlich als **Residenz und Jagdschloss** aufgesucht. Nach ihrer Zerstörung 1648 lag sie bis zum ausgehenden 19. Jahrhundert nur als **Ruine** dar. Mit der Gründung des Schlossbauvereins 1887 wurde schließlich eine große und erfolgreiche **Wiederaufbau-Kampagne** mit Spendensammlungen ins Leben gerufen, und bis 1914 war der Neuaufbau unter dem Wuppertaler Architekten Gerhard A. Fischer abgeschlossen.

Am **Haupteingang zum inneren Burghof** passieren wir die Kasse. Der Hof wird dominiert vom Palas, dem Hauptgebäude der Burg, sowie dem hohen Bergfried und umschlossen vom Bering, dem inneren Mauerring, der nach Osten, zur Bergseite hin, als Schildmauer verstärkt ist. Am Treppenaufgang steht eine Skulptur von **Graf Adolf in kriegerischer Pose**, der später ins Zisterzienserkloster Altenberg eintrat.

Der Rundgang im Gebäude beginnt in der **stimmungsvollen Ahnengalerie**. Der Raum ist über und über mit farbigen **Wandbemalungen** aus der Wiederaufbauzeit um 1900 verziert. Die weitgreifenden Verwandtschaftsbeziehungen der in der Kleidung der jeweiligen Zeit dargestellten Personen oder Paare werden von Adam und Eva hergeleitet und spannen sich bis zum letzten deutschen Kaiser Wilhelm II., im Zentrum stehen dabei die Grafen von Berg.

Der prächtige Rittersaal war Empfangshalle und Versammlungsort der Ritter.

Von hier betreten wir den **Rittersaal, den großen, prunkvollen Fest- und Empfangsraum der Grafen von Berg**. Hier residierte der Burgherr. Die Wände sind rundum mit **großformatigen Gemälden** gestaltet, die **Motive aus der bergischen Geschichte** darstellen. Beim Wiederaufbau des Schlosses hatten Maler der renommierten Düsseldorfer Kunstakademie den Plan gehabt, den Rittersaal zu einem Denkmal deutscher Geschichte zu machen. Sehr stimmungsvoll geben die Bilder beispielsweise Szenen der **Schlacht von Worringen 1288** wieder, als die Grafen von Berg gemeinsam mit den Herren von Brabant, Kölner Bürgern und bergischen Bauern den machthungrigen Kölner Erzbischof besiegten. Einen Eindruck vom Geschehen im Rittersaal gibt das Bild „**Die Kinderverlobung**": 1496 wurde die fünfjährige Maria von Jülich-Berg mit dem sechsjährigen Johann von Kleve-Mark verlobt. Mit ihrer Hochzeit 14 Jahre später entstand die große und mächtige Herzogschaft Jülich-Berg-Kleve-Mark, deren Herrschaftsbereich einen Großteil des heutigen Bundeslandes Nordrhein-Westfalen umfasste.

Als nächstes kommen wir in die **Kemenate**. Ursprünglich wurde mit diesem Begriff das einzige beheizbare Zimmer eines Gebäudes, das Kaminzimmer, benannt. Die Grafen von Berg waren allerdings so

wohlhabend, dass sie sich mehrere beheizbare Räume leisten konnten. Während die Ritter häufig unterwegs waren, saßen die Frauen daheim in dieser Kemenate, sie beschäftigten sich mit Lesen, Schreiben und Rechnen. Die Kemenate ist ebenfalls mit Wandbildern ausgestattet, hier stehen **Jagd- und Turniermotive** im Vordergrund.

Lage und Ausgestaltung der heutigen **Schlosskapelle** gehen einzig auf die Vorstellungen des Architekten beim Wiederaufbau zurück, der im Stil der Neogotik versuchte, das Mittelalter nachzuempfinden. Grundsätzlich gehörte zu jeder Burg auch eine Kapelle. Heute wird die Schlosskapelle gerne für Hochzeiten genutzt.

Der Ritterschlag verpflichtete zum täglichen Besuch der Messe.

Durch die **Galerie** mit wertvollen Bildern und Ansichten von Schloss Burg gelangen wir zur **Rüstkammer mit kostbaren Waffen und Rüstungen**. Die originale Turnierrüstung aus dem Mittelalter wiegt ganze 25 Kilogramm. Der Ritter, der sie zum Schutz trug, war fast bewegungsunfähig und musste mit einer Seilwinde auf sein Streitross gehoben werden. In diesem Raum finden wir auch ein **Modell der Burg**, an dem wir uns noch einmal gut orientieren können.

Über eine enge Wendeltreppe kommen wir in die Abteilung für Landesgeschichte, in der weitere Modelle und besondere Objekte zu finden sind. Mit **1200 farbigen Zinnfiguren** ist zum Beispiel die Schlacht von Worringen (1288) dargestellt. Sehr anschaulich ist hier auch die **Baustelle** des alten Palas in einem Modell nachgebildet. Und zwei Ritter- sowie eine Damenfigur präsentieren Kleidung und Ausstattung ihrer Zeit. Auch ein **Münzschatz**, der 700 Jahre in der Burg versteckt war, ist zu sehen. Einem **Wolf** begegnen wir im nächsten Raum, der Jagdabteilung, in dem Natur und Landschaft dieser Region im Mittelpunkt stehen.

Im Geschoss darunter treffen wir auf eine **vornehme Szenerie**, bei der die **herzogliche Tafel** nachgestellt wurde: Zinngeschirr und Weinpokale aus grünem, verzierten Glas, bauchige Krüge aus Ton und Keramik, weiße Tischtücher und Servietten aus Leinen oder Damast zieren die üppige Tafel. An der Wand hängt ein kostbarer Gobelin mit

Jagdmotiven, und eine hohe Bank mit aufwändig geschnitztem Rücken sowie Truhen aus dunklem Holz komplettieren die Innenausstattung. Im selben Raum können wir uns bei einem kleinen **Verkaufsstand** mit Büchern, Karten, Ansichten und Geschenkartikeln **rund um das Thema Burgen, Ritter und Mittelalter** versorgen.

In einem weiteren großen Raum werden Objekte bergischer Volks- und Wohnkultur seit dem 18. Jahrhundert ausgestellt. Ganz besonders typisch für die Region ist die **Dröppelminna**, die hier in unzähligen Varianten vorgeführt wird. Diese **barock geformte Kaffeekanne** aus Zinn hat drei Beine, auf denen sich das bauchige Gefäß befindet mit einem Hähnchen zum Ablassen des Kaffees, zwei großen Henkeln und einem verzierten Deckel. Weitere Zinngefäße und Porzellan, Schränke aus Eiche und Kirschbaum stehen hier für die **Wohnkultur** des gewerbefleißigen, zu Wohlstand gelangten Bergischen Landes. Für Kinder sind sicher eher die historischen **Puppenstuben** und das Fachwerkhaus-Modell interessant.

Typisch bergisch: Die Dröppelminna im vornehmen Speisezimmer.

Früher besaßen nur wenige Kinder eine Puppenstube.

Im Durchgang nach draußen sind ein **bäuerlicher Schlaf- und Wohnraum** und ein **Musikzimmer** der gehobenen Wohnkultur mit einer Harfe für die Hausmusik, Porträtgemälde an der Wand und feinem Geschirr einander gegenübergestellt. Auch eine **Küche** aus der Zeit um 1800 gibt einen anschaulichen Eindruck vom Leben im Bergischen Land in historischer Zeit. Im Anschluss daran gelangt man auf den **Wehrgang**, der um den Hof auf den Bergfried zuläuft. Von dort passieren wir die

geologische Sammlung von Erika und Günter Schlesinger (1954/55) und **Fundstücke aus der Vor- und Frühgeschichte**, mit Schädel und Knochen, Feuersteinklingen, Steinbeilen aus der Mittel- und Jungsteinzeit, bronzezeitlichen Werkzeugen und Mahlsteinen aus der Eisenzeit.

Die Aussicht vom Bergfried lohnt den mühsamen Aufstieg.

„**Das Betreten des Bergfrieds** ist bei Gewitter und nahendem Gewitter verboten", warnt ein Schild am Aufgang zu dem Wehrturm. Das Wetter ist gut, und wir erklimmen die angekündigten **78 Stufen**, die recht ausgetreten sind. Oben ist die weite Aussicht ins Tal der Wupper zu genießen, auch wenn der Wind um die Ohren pfeift.

In der Abteilung über **bäuerliche Landwirtschaft und bäuerliches Handwerk** (Sammlung Dr. Weyer) im Dachgeschoss des Grabentorgebäudes kommt die ganze Familie ins Grübeln, denn das **Suchspiel** des Jahres fordert dazu auf, zwischen den historischen Ausstellungstücken modernes Spielzeug ausfindig zu machen. Die Kunststofftiere und die farbige Metall-Dampflok sind schnell erkannt, aber gab es früher schon Schmusepuppen aus kariertem Tuch? Holzlaster zum Beladen oder ein kleines Set mit Besen und rot lackiertem Kehrblech? Wohl kaum. Mit Mühe kommen wir auf die erfragte Anzahl von Objekten und stecken hoffnungsvoll das Teilnahmeformular in den Sammelkasten. Am Fuße einer weiteren Treppe ist eine Schusterstube eingerichtet mit schweren Nähmaschinen, gusseisernem Ofen, Handwerkszeug und Leder-Halbzeug.

Ein sensationeller Münzfund bei Bauarbeiten auf dem Burggelände.

Münzgeschichte einmal anders sehen, das ist im folgenden Raum möglich, wo man durch **Lupen** zahlreiche verschiedene, teilweise **viele hundert Jahre alte Münzen** von beiden Seiten genau betrachten kann.

Dann stehen **Hämmer, Kotten und Produkte des Bergischen Landes** aus der Zeit zwischen 1700 und 1900 im Mittelpunkt: Das große Modell eines Schleifkottens zeigt anschaulich Bau und Ausstattung dieser typisch bergischen Bauten. Hier kann man auch Solinger Erzeugnisse des Klingenhandwerks und Remscheider Werkzeuge betrachten (siehe die Ausflüge nach Remscheid-Hasten und Solingen-Gräfrath). Die kräftige Zuckerzange zum Zerkleinern des Zuckerhuts aus dem 18. Jahrhundert erinnert an eine andere Zeit, ebenso wie die Schlittschuhe aus dem 19. Jahrhundert, die nur aus Kufen bestanden, befestigt auf einer schmalen Holzplatte, die mit Lederriemen an die Füße geschnallt wurde.

Zwei schöne, historische Apotheken aus dem Bergischen Land sind in eigenen Räumen wiederaufgebaut worden. Bei der Einhorn-Apotheke sehen wir auch ein 10 cm dickes Kräuter- und Arzneibuch aus dem Jahr 1732. Die Adler-Apotheke aus der Zeit um 1820, die aus Leverkusen-Opladen stammt, ist noch umfangreicher ausgestattet. Mit dem **Offizin**, dem Raum zur Herstellung und zum Verkauf der Kräuter und Arzneien, sowie der **Kräuterkammer** mit unzähligen Vorrats- und Lagerschubladen aus Holz vermittelt sie einen Einblick in das frühere Berufsbild des Apothekers, das sich im Laufe der Zeit stark gewandelt hat.

Im Innenhof der Burganlage.

Dann haben wir wieder den Innenhof erreicht. Zum Schluss werfen wir noch einen **Blick in das Verlies der Burg**: In dem dunkel gestrichenen, nahezu unbeleuchteten Raum wird mit kurzen Text- und Geräusch-Passagen die **Stimmung** im ehemaligen Verlies inszeniert: Ursprünglich wurden die Gefangenen durch das so genannte **Angstloch** fünf Meter in die Tiefe geworfen, wo sie bei fauligem Wasser und schimmligem Brot ihr trauriges Dasein fristen mussten, sie teilten den Raum mit Mäusen und Spinnen. Ein Pferdedieb und eine Bettlerin erzählen uns von ihren **traurigen Schicksalen**. Auch der Kölner Erzbischof schmachtete nach

Der Bürstenmacher bei der Arbeit.

der Schlacht bei Worringen 15 Monate als Gefangener hier und verließ als alter, kranker Mann die Burg. Leicht schaudernd kehren wir diesem unheimlichen Ort den Rücken.

Der **äußere Mauerring** ist heute nur noch teilweise vorhanden, er begrenzte den Burgkomplex mit weiteren Nebengebäuden zum Tal hin. Im Batterieturm, einem ehemaligen Wehrturm, wurde 1951 eine „Gedenkstätte des deutschen Ostens" mit einer Gedenktafel als „Mahnmal der Vertreibung" eingerichtet.

Innerhalb der großen Burganlage mit der Vorburg, die zu den größten Westdeutschlands gehört, hatte sich bis zur Zerstörung eine **Handwerkersiedlung** mit rund 200 Bewohnern entwickelt, die dort wohnten, arbeiteten und natürlich bei Angriffen die Burg verteidigten. Als Nachfolgebauten finden sich hier heute **viele Fachwerkhäuser aus dem 17. und 18. Jahrhundert**. Im **Kunsthandwerkerhaus** mit Bürstenfachgeschäft, Glasbläserei und Wollgeschäft kann man schöne Souvenirs erwerben. In der **Alten Schule** von 1850 befindet sich ein **Buchladen** mit Antiquariat, dessen Besitzer dort auch **Papiertheater-Vorstellungen** aufführt. Die **einladenden Gaststätten** um den Schlossplatz bieten ein vielfältiges gastronomisches Angebot.

Rund um die Burg haben sich Kunsthandwerker angesiedelt.

Spazierung durch Unterburg zur Müngstener Brücke

Bergische Fachwerkhäuser in Unterburg.

Unser Spaziergang beginnt sehr bequem mit einer **Seilbahnfahrt** 1
hinunter ins Tal in den Ort Unterburg. Bei gemütlichem Tempo ist der weite Talblick ein Genuss! Wer möchte, kann auch auf dem Weg am Hang entlang zu Fuß ins Tal gehen. Die Unterstadt am Fuße des Burgbergs fasziniert mit ihren engen Gassen und **alten bergischen Fachwerkhäusern**. Der Eschbach schlängelt sich durch den Ort und mündet bei der Burger Brücke in die Wupper. Am Gasthaus Burgvoigt beginnt der Wanderweg A2, dem wir zunächst folgen.

Die evangelische **Kirche zur Heiligen Dreieinigkeit** am Ufer der 2
Wupper ist im **bergischen Barockstil** errichtet. Ihre Grundsteinlegung erfolgte 1732, der Turm wurde erst 1787 fertiggestellt. Auch der benachbarte **alte Friedhof** von 1744 ist einen Besuch wert. Neben der Kirche liegt eine große Wiese mit Grillplatz und Picknicktischen, die ausdrücklich als **Kinderspielwiese** ausgeschildert ist.

Gleich nach der **mächtigen, blanken Felswand** zur Rechten beginnt 3
das **Landschaftsschutzgebiet**. Auf diese Weise schützt die Stadt Solingen bereits seit 1980 weiträumig ihre Freiflächen im Außenbereich. Noch wertvoller für die Bewahrung der Natur war allerdings die Aufnahme des Landschaftsausschnitts der Mittleren Wupper, in dem wir uns hier befinden, in die Liste der **Fauna-Flora-Habitate**, mit der europaweit naturnahe Lebensräume von herausragender Bedeutung unter Schutz gestellt werden. So tummelt sich in der Wupper das

Seit 50 Jahren bringt die Seilbahn Ausflügler sicher über die Wupper.

seltene **Flussneunauge** und an den Ufern nistet der rare **Eisvogel**. Wir wandern durch **Hainsimsen-Buchenwald**, eine typische Pflanzengesellschaft unserer Mittelgebirge. Rechts des Wegs sprudelt eine erste kleine Quelle aus dem Berghang. Dann passieren
4 wir **„Haus Waldfrieden"** mit seinen typisch bergischen schieferverkleideten Wänden, weißen Sprossenfenstern und grünen Fensterläden.

Kurz danach führt eine **Brücke über die Wupper zur Waldschänke**
5 **Wiesenkotten**. Tipp: Wenn Sie nicht die gesamte Wanderung machen möchten, können Sie hier auf die andere Seite der Wupper wechseln
10 und dort zum **Ausflugsgelände** unter der Müngstener Brücke gehen.

Wir folgen dem Weg A8 weiter geradeaus. Gleich darauf stürzt rechts ein kleiner, **romantischer Wasserfall** den Berghang hinunter, später folgen weitere. Dann sehen wir in der Wupper einige flache **Flussinseln**. Unser Weg führt nah am Wasser in der Talsohle am Hang entlang, im März wachsen hier unter den hohen Buchen **weiße Teppiche von Buschwindröschen** auf dem Waldboden.

Mittlerweile ist schon die **mächtige Eisenbahnbrücke** zu sehen, und es kann sein, dass ein lautes Brausen die Luft erfüllt, wenn man darunter steht, weil gerade „der Müngstener", die Regionalbahn zwischen Solingen-Ohligs und Wuppertal, die Brücke überquert. Die **Müngstener Brücke** ist die **höchste Eisenbahn-**
6 **brücke Deutschlands**. Bei der Ortschaft Müngsten überquert sie die Wupper und verbindet die Städte Remscheid und Solingen. Die **eindrucksvolle Stahlkonstruktion** von 491 Metern Länge, rund 107 Metern Höhe und einer Bogenspannweite von 180 Metern wurde bereits im vorletzten

Viele Bäche stürzen die steilen Hänge zur Wupper hinab.

Jahrhundert, 1897, in Betrieb genommen. Während der Bauzeit von nur drei Jahren wurden 5.000 Tonnen Eisen und Gussstahl mit rund 950.000 Nieten montiert – der letzte Niet erhielt eine goldene Kappe. Und als am 3. Juli 1897 der erste Zug problemlos über die Brücke rollte, stand der Ruf der Müngstener Brücke als **technisches Wunderwerk** fest. Ihre Faszination hat sie bis heute nicht eingebüßt. Wir befinden uns hier auf der ruhigen Seite der Wupper, gegenüber gibt es Kioske, Gaststätten und umfangreiche Parkplätze für die Ausflügler.

Nachdem wir eine kurze Steilstrecke bergauf bewältigt haben, tost unter uns das Wasser der Wupper über ein Stauwehr. Bald lädt ein rundes **Aussichtstürmchen** in historistischem Stil mit Rundbögen, 7
Säulen und Ruhebank zum Verweilen ein. Der Blick über das Tal der Wupper und die bewaldeten Höhen ist sehr eindrucksvoll.

Nach rund einem halben Kilometer sind wir wieder im Tal an der **Brücke über die Wupper** angelangt – einer alten Werksteinbrücke, die heute nur noch **Fußgänger und Radfahrer** benutzen. Der motorisierte 8
Verkehr braust über die breit ausgebaute Landstraße, die von Solingen über die Wupper ins Morsbachtal und von dort nach Wuppertal oder Remscheid führt. Nachdem der Fluss überquert ist, geht es also wieder auf die Müngstener Brücke und Schloss Burg zu.

Links taucht eine skurrile, gut sieben Meter hohe **Metallskulptur** 9
auf. Das Kunstwerk **„Experience"** verweist auf den alten **Schaltkotten**, ein eingeschossiges Backsteingebäude mit gusseisernen Sprossenfenstern, das gemäß einer Tafel bereits 1574 entstand. Zu der alten Gewerbestätte gehört das Wehr zur Wasserkraftnutzung, das bereits

170 Meter über der Talsohle erhebt sich die Müngstener Brücke.

Blick vom Aussichtsturm.

vom anderen Ufer aus zu entdecken war. In Fortsetzung der Tradition ist hier auch heute noch ein Metall verarbeitender Betrieb tätig.

Zum zweiten Mal stehen wir nun unter der **Müngstener Brücke** und erleben die Faszination dieses Bauwerks. Zwei **Kioske** mit allen klassischen Ausflugsouvenirs erwarten die Gäste, ein Besitzer grüßt „Willkommen am Ballermann 1 Müngsten". Neben dem anderen
10 Kiosk findet sich eine robuste und überschaubare **Minigolf-Anlage**. Auch **Kinderspielplatz**, **Picknicktische** und einen Zugang zum Wupperufer, wo sich schnell hungrige Enten einfinden, gibt es.

Nach wenigen Minuten Fußweg bietet sich ein **schöner Fotoblick** auf die Brücke. Im Wald entdecken wir langgezogene Vertiefungen im Boden, auf diesen Hohlwegen transportierten Fuhrleute früher ihre Waren. Der Wanderweg verläuft überwiegend bequem ausgebaut am Hang entlang, nur einmal führt eine Treppe um eine steile Fels-
5 wand herum. Bald sind wir wieder an der **Waldschänke Wiesenkotten** angelangt, einladend liegt der große Biergarten an der Wupper in der Abendsonne.

Nachdem das Brückchen überquert ist, nehmen wir den uns schon bekannten Weg zurück nach Burg. Kurz hinter der evangelischen Kirche entdecken wir, dass in Haus Nummer 13 echter Imkerhonig verkauft wird. Eine gute Gelegenheit!

Er vertritt seine Zunft – der Burger Brezelbäcker.

Mitten in Unterburg steht die Skulptur des Burger Brezelbäcker und erinnert an die Burger Brezel, das Wahrzeichen des Ortes. Mit der Seilbahn oder – nach 18 Uhr – über den Fußweg erreichen wir wieder unseren Ausgangspunkt, Schloss Burg hoch über dem Tal der Wupper.

Adressen in und um Solingen-Burg

1 **Seilbahn Burg GmbH**
Hasencleverstraße 2 / 42659 Solingen
Tel.: Bergstation 0212-43181 / Talstation 0212-42264
geöffnet: täglich 10-18 Uhr, im Winter bis Einbruch der Dunkelheit
Fahrpreise für einfache Fahrt / Hin-+Rückfahrt:
Kinder bis 14 J: 1 / 1,50 € – Erwachsene 1,80 / 2,60 €
Familie 5 / 7,50 € (bis zu 3 Kinder bis 14 Jahren)
Ermäßigungen für Gruppen und Schwerbehinderte

6 **Müngstener Brücke**
Minigolf am Kiosk von Elsa Böhm, Tel.: 0212-46369
10 Weitere Informationen zur Müngstener Brücke finden sich auf der Internet-Seite der Stadt Solingen: www.solingen.de
(Touristik > Sehenswürdigkeiten > Müngstener Brücke)

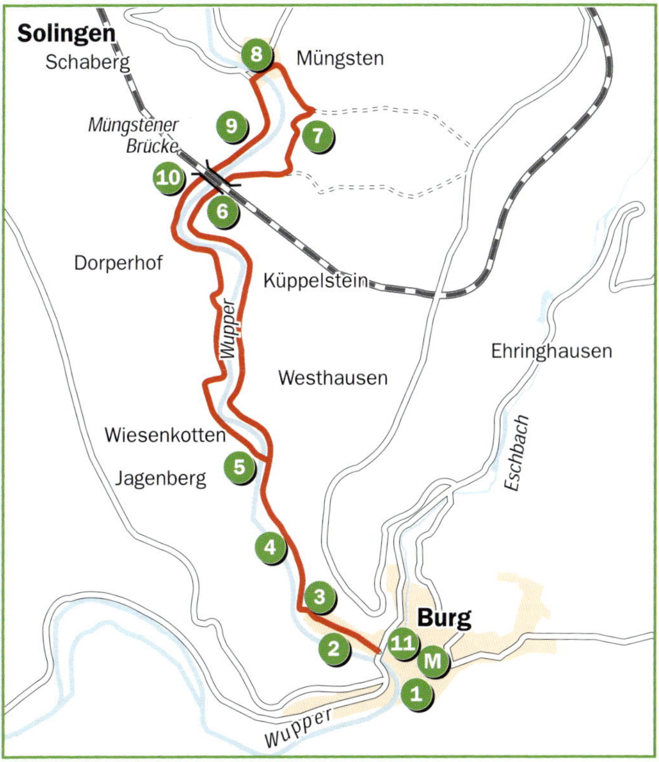

Papiermühle Alte Dombach in Bergisch Gladbach

An der Schöpfbütte selbst aktiv

Das Wasserrad bewegt das hämmernde Stampfwerk der alten Wassermühle, Besucher können selbst Papier schöpfen, den staubigen Trockenboden erkunden und auf einer kleinen Papiermaschine die Verwandlung von „Stoff" in Papier erleben – stöbern und entdecken, all das ist möglich in den historischen Gebäuden der Papiermühle Alte Dombach am Strunder Bach in Bergisch Gladbach. Ein Spaziergang führt uns durch ein altes Dorf auf den Höhen mit schönem Weitblick und durch Wald und Wiesen wieder ins Tal nach Herrenstrunden. Am Bach entlang geht es zurück.

Mobile Schöpfbütte beim Museumsfest.

Kurzinfo

Rheinisches Industriemuseum (RIM) Papiermühle Alte Dombach
Landschaftsverband Rheinland
Kürtener Straße / 51465 Bergisch Gladbach
Tel.: 02202-9366823 Kasse und Buchung
Fax: 02202-9366821
Internet: www.rim.lvr.de

Geöffnet: Di - So 10-17 Uhr

Eintritt:
Erwachsene 3 €, Kinder ab 6 Jahre 2 €, Familien 6 €
Studenten und Schwerbehinderte 2,50 €
Gruppen ab 10 Personen: Erwachsene 2,50 € / Kinder ab 6 J. 1,50 €
Schüler im Klassenverband kostenlos

Service:
Dauerausstellung: Vorführung der Laborpapiermaschine: stündlich 11-16 Uhr
kontinuierliche Betreuung der Schöpfbütte und Vorführung weiterer Maschinen

Öffentliche Führungen:
jeden 1. Sonntag im Monat, 11 Uhr (nicht für Gruppen)
Gruppenführungen nach Voranmeldung 30 €, fremdsprachlich 40 €

Museumsladen „Rund ums Papier" Di-So 10-17 Uhr

Café Alte Dombach Tel.: 02202-9366828, Gruppenanmeldung erbeten

Infos über Bergisch Gladbach
Pressebüro der Stadtverwaltung
Postfach 20 09 20 / 51439 Bergisch Gladbach
Tel.: 02202-14-0
Internet: www.bergischgladbach.de

Anfahrt mit ÖNVP:
Mit der S-Bahn S 11 bis Bergisch Gladbach, vom Bahnhof entweder mit dem Bus 426 (unregelmäßig) Richtung Herrenstrunden, Haltestelle Dombach oder zu Fuß in 30 min zum Museum (Hauptstraße–Rosengarten–Am Mühlenberg–Waldweg an der Strunde).

Anfahrt mit dem Auto:
Ab Autobahnausfahrten (A1 Burscheid / A3 Leverkusen oder Köln-Dellbrück/A4 Refrath oder Moitzfeld) Richtung Bergisch Gladbach Zentrum, dann Richtung Herrenstrunden der Ausschilderung zum Museum folgen.

Das weitläufige Außengelände der alten Mühle lädt zum Entdecken und Verweilen ein.

Die Papiermühle Alte Dombach ist mehr als nur **das größte deutsche Spezialmuseum zum Thema Papier**: In sechs historischen Fachwerkhäusern wird veranschaulicht, wie seit 1620 Papiermacher arbeiteten und wohnten. Wie früher sind die Gebäude von Obst- und Gemüsegärten, von Wiesen und Wald umgeben. Unser Rundgang wird uns über das weitläufige Museumsgelände und durch die Dauerausstellung im einstigen Produktionsgebäude führen. Der ehemalige **Trockenspeicher** war früher mit zahlreichen verstellbaren Lamellen-Fensterläden bestückt, damit das Papier im Luftzug trocknen konnte. Heute sind im Erdgeschoss dieses höchsten Gebäudes der Museumsanlage **Kasse** und der **Museumsshop** mit schönen Papier-Artikeln untergebracht.

Zur Selbstversorgung betrieben die Papiermühlenbesitzer immer auch **landwirtschaftliche Güter** nebenbei. Im Obergeschoss des Stalles vermittelt eine kleine Ausstellung ein anschauliches Bild, wie die Landwirtschaft früher aussah. Das **Café** am Teich ist 1809 als Wohnhaus für vier Arbeiterfamilien errichtet worden. Daneben befindet sich ein kleines Fachwerkhaus für zwei Familien. Traditionell wohnten die Gesellen mit dem Mühlenbesitzer unter einem Dach oder im Gesellenhäuschen an der Mühle.

In der Alten Dombach wird seit 1614 Papier hergestellt, und Kernstücke des **Hauptgebäudes mit dem Mühlrad** sind auch noch knapp 400 Jahre alt. Seitdem ist es immer wieder erweitert und umgebaut worden. Die Dauerausstellung im Hauptgebäude hat zwei Themenschwerpunkte. Wir beginnen mit dem **Papierverbrauch** (Raum 2). Berge von Papier und Pappe türmen sich an einer Wand, stapelweise Verpackungen wie Schachteln und Dosen, Packen von Zeitungen und Illustrierten, Schreib-, Mal- und Briefpapier und viele weitere Spezial- und Hygienepapiere. Erstaunt erfahren wir, dass vor 200 Jahren jeder Mensch in Deutschland nur etwa ein halbes Kilo Papier im Jahr verbrauchte, heute sind es schon über 200 kg!

Standortfaktor Wasserkraft.

Das Festhalten und Vermitteln von Gedanken und Informationen war lange Zeit die wichtigste Funktion des Papiers (Raum 3). **Schreiben** und Lesen zu können war noch vor 200 Jahren in Mitteleuropa nur einem kleinen Teil der Bevölkerung vorbehalten. Die Rolle von **Literatur und Presse** hat sich im Laufe der Zeit grundlegend gewandelt (Raum 4). Während es in Mittelalter und früher Neuzeit noch darauf ankam, Bücher in Archiven und den wenigen frühen Bibliotheken als „Werte für die Ewigkeit" aufzubewahren, sind die Printmedien heute im Wesentlichen zu Konsumgütern geworden: kaufen - lesen - wegwerfen. Mit einem Anteil von 42 Prozent am Papierverbrauch in Deutschland stellen die Druck- und Pressepapiere die größte Gruppe dar.

In Raum 5 bedecken kuriose Formulare den Fußboden, hängen von der Decke, und weitere historische Büroutensilien lassen uns schmunzeln über eine vergangene Zeit. Die Einführung der **Verwaltung** im 19. Jahrhundert trug entscheidend zum Anstieg des Papierverbrauchs bei. Heute macht der Anteil an Schreib- und Büropapieren nur noch 6 Prozent unseres Papierverbrauchs aus. Auch mit der **Werbung** ist das Papier als Werbeträger Nr. 1 ganz eng verbunden (Raum 6). An einem Bildschirm in einer Litfasssäule können wir uns über die Geschichte der Werbung informieren. Gleich danach stehen wir in Raum 7 in einem kleinen **Supermarkt**, von verkaufsfördernder Musik berieselt. Wir haben eine Lebensmittelabteilung vor uns, in der wir einzig **Verpackungen aus Papier und Pappe** sehen, die zweitwichtigste Gruppe unseres Papierverbrauchs mit 39 Prozent. Das ist ein starker Kontrast zu früheren Zeiten, als die Leute sich noch selbst

versorgten und Vorräte über Winter im Keller einlagerten. Damals wurden nur wenige Luxuswaren in Pappe oder Papier verpackt; Beispiele wie Dattel-, Schokolade- oder Zigarettenpackungen und viele Kuriositäten kann man in den Vitrinen anschauen.

Eine der ungewöhnlichsten Präsentationen folgt in Raum 8: **Nehmen Sie bitte Platz auf der Toilette**, heißt es im nächsten, weiß gekachelten Raum – und damit startet ein kurzer, unterhaltsamer **Film über die Geschichte des Toilettenpapiers**, das sich in Deutschland erst in den 1950er Jahren allgemein durchsetzte. Unser Verbrauch an Hygienepapieren macht 6 Prozent des Papierverbrauchs aus.

Über 200 Kilogramm Papier verbraucht jeder Deutsche im Jahr – aber nur 6 Prozent sind Hygienepapiere.

Nun wollen wir wissen, wie das vielseitige Material Papier hergestellt wird. Ein Arbeiter in einer modernen Papierfabrik produziert 300.000 Kilogramm Papier im Jahr. Das ist hundertmal mehr, als ein Arbeiter in einer Papiermühle in der Mitte des 19. Jahrhunderts pro Jahr herstellen konnte. Trotz Mechanisierung und Industrialisierung ist jedoch das Prinzip der Papierherstellung seit Jahrhunderten unverändert, erklärt eine Schautafel. Als Rohstoffe werden pflanzliche Fasern aus Lumpen von Leinen oder Hanf, Holz, Stroh oder Altpapier benötigt. Dieses Material wird zerkleinert und zunächst in sehr viel Wasser fein verteilt. Anschließend wird der Papierbrei per Hand oder maschinell auf ein feines Sieb verteilt und entwässert. Das zurückbleibende Faservlies wird durch Pressen und Trocknen zu Papier.

Mit steigender Papierproduktion im 19. Jahrhundert reichte die Lumpenmenge als Rohstoffbasis jedoch nicht mehr aus. Seit Mitte des 19. Jahrhunderts war ein Verfahren zur Produktion von Papier mit **Holzschliff** entwickelt worden. Einen historischen Holzschleifer können wir hier genau untersuchen. Heute wird **Zellstoff** aus Holz für feines Papier verwendet; Holzschliff, Strohstoff und **Altpapier** für Pappen und Verpackungsmaterial. Zum Thema „Papier und Umwelt" finden wir hier viele Infos und Anregungen, Filme, Fotos, Zahlen und

Ein ohrenbetäubender Lärm entsteht, wenn das Wasserrad das Stampfwerk antreibt.

Fakten anschaulich aufbereitet (Raum 10).

Und wie ging es früher in der alten Papiermühle zu? Bis in das 19. Jahrhundert hinein verkauften **Lumpensammler** ihre Ware an die Papiermühlen, wo in den Lumpenkammern Frauen und häufig auch Kinder das Material sortierten und an scharfen Messern in kleine Fetzen zerschnitten. Filme, Fotos und eine Geruchsprobe lassen uns schnell erkennen, dass die Lumpenkammer kein angenehmer Arbeitsplatz war: **Es stank und staubte**, und es bestand Infektions- und Verletzungsgefahr. Die zerkleinerten Hadern, wie die Papiermacher die Lumpen nannten, wurden anschließend vom **Stampfwerk** zu feinem Faserbrei zerstampft. Hier half und hilft im Museum auch heute die Wasserenergie. Wir hören einen **ohrenbetäubenden Lärm** und sehen, wie die Nockenwelle die Stampfen hebt und in den Stampftrog fallen lässt – 24 bis 36 Stunden dauerte es früher, bis der Faserbrei fertiggestellt war (Raum 11). Seit dem 17. Jahrhundert ersetzte man die Stampfen durch rotierende Walzen, die mit scharfen Messern versehen waren. **Holländer** hießen diese Maschinen zum Zerreißen und Feinmahlen von Lumpen, die wir im nächsten Raum sehen und sogar als Modell vorgeführt bekommen (Raum 12). Aber auch das ist schon Geschichte, heute zerkleinern **Refiner-Mahlanlagen** die Fasern, die Facharbeiter in der Faserstoffaufbereitung sitzen an Computern und Kontrollpulten, von wo aus sie die Vorgänge überwachen. Wenn sie doch in die Maschinenhalle gehen müssen, ziehen sie ihren Gehörschutz auf, denn die Refiner dröhnen entsetzlich laut – auch das können wir hier hören.

Mit den zerkleinerten Fasern kann nun endlich Papier hergestellt werden. An der **Schöpfbütte** in Raum 13 werden die Besucher wie-

links: Papier selber zu schöpfen ist ein spannendes Erlebnis für Groß und Klein.

rechts: Nach dem Gautschen wird das feuchte Faservlies gepresst und getrocknet.

der in die vorindustrielle Zeit versetzt. Hier kann jeder selbst die Ärmel hoch krempeln und aktiv werden: Nachdem wir zunächst die Fasern im Wasser verrührt haben, nehmen wir das Schöpfsieb mit dem hölzernen Rahmen, tauchen es in den „Stoff" ein und heben es langsam waagerecht wieder hinaus. Die Fasern setzen sich auf dem Sieb ab, während viel Wasser abfließt. Dann nehmen wir den Rahmen vom Sieb ab, er hat dem Blatt einen glatten Rand gegeben. Nun gautschen, das heißt drücken, wir das Sieb auf einen Stapel mit Wollfilzen ab, wo das feuchte Faservlies liegen bleibt. **Stolz betrachten wir unser Blatt Papier**. Weil es jedoch noch trocknen muss, bekommen wir von der Museumsmitarbeiterin, die uns an der Bütte geholfen und die historischen Arbeitsabläufe erklärt hat, zur Erinnerung ein schon fertiges, ebenfalls handgeschöpftes Blatt Papier geschenkt. Auch das Geheimnis, wie das Wasserzeichen eigentlich ins Papier kommt, wird hier erklärt. Historische Filme zeigen, wie anstrengend die Arbeiten rund um die Schöpfbütte waren. Mühevoll wurden die Papierstapel in einer Presse zwischen Filzen gepresst, bis der Leger die noch feuchten, aber schon stabilen Bögen per Hand ablösen konnte.

Wir wollen sehen, wie es anschließend auf dem **Trockenspeicher** weiterging und steigen noch eine Treppe hoch in Raum 15. Zugig ist es hier oben, denn das Papier wurde im Luftzug getrocknet. Mit verstellbaren, hölzernen Lamellenfenstern konnte die Luftzirkulation von der Witterung abhängig geregelt werden. Auch die Arbeit auf dem Trockenspeicher war sehr beschwerlich, die Hände immer am klammen Papier, das stets sehr sorgfältig aufgehängt werden musste. Je nach Witterung brauchte das Papier zwei Tage bis zwei Wochen zum Trocknen. Dann war es aber immer noch nicht fertig. Hunderte von **Tierknochen** sehen wir, die **zu Leim ausgekocht** worden sind, um damit die Oberfläche des offenporigen Papiers zu behandeln und so das Verlaufen der Tinte zu verhindern (Raum 16). Erst nach dem Leimen und dem erneuten Trocknen konnten die Bögen geglättet werden – mit Glättsteinen oder Glätthölzern, natürlich per Hand. Dann endlich war das **Luxusprodukt Papier** fertig!

Den Kontrast zwischen der historischen Methode, Papier herzustellen und der **heutigen Massenproduktion** bekommen wir bei der **Vorführung** einer 5 Meter langen **Laborpapiermaschine** vor Augen geführt. In wenigen Minuten entsteht vor unseren Augen aus dem flüssigen Faser-Wasser-Brei, der auf ein Sieb läuft, entwässert und gegautscht wird, dann Trockenzylinder durchläuft, eine fertige Papierrolle – ein eindrucksvoller Prozess. Die erste **Papiermaschine** wurde 1799 erfunden. Heutzutage produzieren große, moderne Maschinen bis zu 2.000 Meter Papier in einer Minute, bei einer Breite der Papierbahn von 10 Metern ergibt das Tagesleistungen von über 500 Tonnen Papier (Raum 14). Weitere Ausstellungsräume sind ausgewählten, schönen Papierobjekten (Raum 17), Fragen von Qualitätskontrolle und Papierhandel (Raum 18), der Entwicklung des Stand-

In wenigen Minuten produziert die Laborpapiermaschine aus flüssigem „Stoff" trockenes Papier.

oben: Papier entsteht aus pflanzlichen Fasern – die wichtigsten von ihnen werden auf dem Pflanzenpfad vorgestellt.

unten: Eingang zur Papiermaschinenhalle

orts Alte Dombach und denen der sieben anderen Bergisch Gladbacher Papiermühlen (Raum 19-20) sowie dem Leben der lokalen Papierfabrikanten (Raum 21) gewidmet.

Im Außengelände verbindet der **Pflanzenpfad** Mühle und Fabrik und informiert darüber, welche Pflanzen im Laufe der Zeit für die Papierproduktion genutzt wurden: Flachs, Buche, Kiefer, Bambus, Getreide, Baumwolle... Bald erreichen wir den **Maschinenplatz** mit vier großen Maschinen für die Rohstoffaufbereitung. Wenige Schritte weiter sind wir an der **Papierfabrik Neue Dombach** angelangt, die der Papiermühlenbesitzer Gustav Josua Müller um 1810 errichtete. Der innovative Unternehmer hatte hier die **erste deutsche Papiermaschine** konstruiert und im Jahr 1818 in Gang gesetzt. Über das Stadium des Probebetriebs kam sie jedoch nicht hinaus. 1842/43 wurde in der Dombacher Papierfabrik dann die erste Papiermaschine von Bergisch Gladbach installiert.

1876 wurde die Fabrik zusammen mit der Alten Dombach an die Bergisch Gladbacher Papierfabrik Zanders verkauft, 1930 ist die Produktion in diesen Gebäuden eingestellt worden.

Die vordere Halle am kleinen Parkplatz beherbergt drei Maschinen. Eindrucksvoll sind die Dimensionen der 40 Meter langen **Papiermaschine aus dem Jahr 1889**, der PM4. Unglaublich, dass sie noch bis 1991, bevor sie hier ins Musum verlegt wurde, in der Papierfabrik Zanders in Bergisch Gladbach bis zu 11 Tonnen Papier täglich produziert hat! Eine viel kleinere Papiermaschine als die bisher gesehenen Langsiebmaschinen ist die **Rundsiebmaschine** von 1930. Auf der **Bürstenstreichmaschine** aus dem Jahr 1910 wurde das fertige Papier mittels Bürsten mit Bindemitteln und Pigmenten bestrichen. Mit dieser „gestrichenen" Oberfläche eignete es sich besonders gut für die drucktechnische Wiedergabe von Fotos.

Spaziergang im Tal der Strunde und über die Höhe

Der prächtige Ameisenhügel am Wegesrand ist gut geschützt.

Unseren **Spaziergang** beginnen wir in der Verlängerung des Pflan-
zenpfads. Die ausgedehnten Anlagen der Neuen Dombach mit den
Backsteingebäuden des 19. Jahrhunderts lassen wir rechts hinter 1
uns liegen und gehen links den Berg hoch. Hier informiert eine **Sta-
tion des „Geopfades"** über die Erdgeschichte, die Plattenkalke der
Bergisch Gladbach-Paffrather Kalkmulde und eine weitere über die 2
außergewöhnliche Pflanzenwelt der Kalkmulde. 3

Der idylisch gelegene **Igeler Hof**
gehörte früher zur Kommende Her- 4
renstrunden (siehe 11), das herrschaftliche Wohnhaus stammt aus dem Anfang des 19. Jahrhunderts. Der Komponist Max Bruch, Ehrenbürger der Stadt Bergisch Gladbach, war hier gern zu Gast.

Eine malerische Allee führt zum Igeler Hof.

In der schönen **Ahornallee** verlassen wir an der alten Holzscheune die Straße und gehen nach links bergauf.

Über den hohen, alten **Buchen-
wald** informiert eine weitere Geo-
pfad-Tafel. Oben auf der Höhe ge- 5

Idylle in Rommerscheid

Reiterhof auf den Rommerscheider Höhen

hen wir geradeaus an den Ruhebänken vorbei auf das alte Dorf Rommerscheid zu. Rechts liegt die moderne St. Engelbert-Kirche (erbaut 1959/60). Auf unserem Rundgang erblicken wir hübsche und gepflegte Gebäudeensembles. Etwa 50 Meter hinter der Kirche steht links das Haus Rommerscheider Höhe 60/62, ein Fachwerkhaus aus dem frühen 18. Jahrhundert; das zurückliegende Haus
6 Nr. 60c stammt sogar aus dem 17. Jahrhundert. Das neugotische Steinkreuz auf hohem Sockel vervollständigt das **malerische Bild**.

7 Einige Schritte weiter und dann links ab liegt der alte **Ortskern**, mit einem kleinen beschaulichen Platz und Fachwerkhäusern.

Zurück zum Steinkreuz von eben, dann nach links und nach rund 20 Metern rechts den Privatweg hinauf erreichen wir den **Rommer-**
8 **scheider Hof** aus der Zeit um 1600, der früher ebenfalls zur Kommende Herrenstrunden gehörte. Heute ist in den Ställen ein **Reiterhof** untergebracht.

Wir gehen zurück, die Rommerscheider Straße rechts hinunter, biegen rechts in die Straße Großer Busch und gleich wieder rechts auf den Irlenfelder Kamm, wo wir die Siedlung hinter uns lassen. Diesem bequemen Höhenweg zwischen Feldern und Weiden folgen wir einen guten Kilometer und haben bald nach rechts einen **schönen Blick** auf die alte Kirche von Herkenrath. Links liegt der Sonnenberg, der als vorgeschichtlicher Siedlungsplatz bekannt ist. Bei der nächsten Wegekreuzung gehen wir auf dem nun schmalen Feldweg geradeaus weiter, um wieder ins Strundetal zu gelangen.

Tipp: Sind Sie mit dem Kinderwagen unterwegs oder ist das Wetter ausgesprochen nass, ist ein kleiner Umweg ratsam: Wenden Sie sich nach links auf das nächste Haus zu, und biegen Sie dort nach rechts auf den asphaltierten Bücheler Weg ein, der in Herrenstrunden wieder mit dem kleineren Feldweg zusammentreffen wird.

Über große Strecken begleitet das Ammoniten-Symbol des Geopfades den Wanderweg. 9

Es geht geradeaus durch den Wald hinab. Links sehen wir im Gelände die Spuren von früherem Rohstoffabbau. Allmählich wird der Weg zu einem eindrucksvollen **Hohlweg**, erst nur 1-2 Meter tief eingeschnitten, einige hundert Meter weiter sogar bis zu 4-5 Metern unter dem eigentlichen Geländeniveau liegend. Über uns sind mächtige Wurzeln ausgewachsener Buchen zu sehen. Dieser jahrhundertealte Weg lässt schon die Bedeutung unseres Ziels Herrenstrunden erkennen, wohin erst seit Mitte des 19. Jahrhunderts auch eine Talstraße führt. Bis zu dieser Zeit mussten alle Gänge zur Komturei des Malteserordens zu Fuß oder mit Pferd und Wagen über diesen Hohlweg bewältigt werden. Im Tal angekommen, wo wir auf den breiteren Weg treffen, gehen wir beim Straßenschild „An der Mühlenwiese" nach links über den **Spielplatz**, am Teich entlang und steuern auf ein historisches Gebäude mit Reetdach zu. Wenn wir dort die Straße erreichen, sind wir im Kern von **Herrenstrunden**.

Die Malteser-Komturei war über Jahrhunderte ein wichtiges Verwaltungszentrum.

Von hier aus wurde 1328 bis 1806 der gesamte niederrheinische Ordensbesitz des Johanniterordens verwaltet. Nachdem 1530 Malta als Besitz hinzu gekommen war, bürgerte sich der Name Malteserorden ein. Die **Maltesermühle**, bei der wir zunächst 10
auf dem kleinen Strunde-Brückchen stehen bleiben, war einst Zwangsmühle für

Wer genau hinschaut, sieht Luftblasen in der Strundequelle aufsteigen.

alle Höfe der Kommende. Der Mühlenbetrieb wurde 1944 eingestellt. Schon im Mittelalter haben an der Strunde Mühlen gestanden, im 18. Jahrhundert existierten bis zur Mündung in den Rhein in Köln 35 Wassermühlen entlang des
11 Baches. Die **Malteser-Komturei** jenseits des Teichs beherbergte bis zur Säkularisation 1803 die Ordensherren, die hier seit dem 13. Jahrhundert Besitzungen hatten und denen ein großer Teil der Mühlen Abgaben leisten musste. Das heutige Hauptgebäude mit Barockportal stammt aus dem Jahr 1684. Gegenüber liegt die 1555 errichtete, ehemalige Kapelle der Malteser, 1904 zur heutigen katholi-
12 schen **Pfarrkirche St. Johann Baptist** erweitert. Zwei kleine Schießscharten an der Kirchensüdwand zeigen, dass das Gebäude zeitweise auch als Wehrkirche gedient hat.

Von hier aus sind es nur wenige Schritte talaufwärts über den
13 Parkplatz zur **Strundequelle**. Es ist faszinierend zuzugucken, wie das Wasser in der kleinen, steingefassten Quellmulde sprudelnd aufsteigt.

Auf der Landstraße, der wir talabwärts folgen, passieren wir nach rund 200 Metern ein historisches, leuchtend gelb gestrichenes Ge-
14 bäude mit markantem Zwiebelturm. **Burg Zweiffel** wurde schon im 13. Jahrhundert erwähnt, doch das heutige Burghaus ist als Teil einer barocken Wasserburganlage erst Mitte des 17. Jahrhunderts erbaut worden. Auf der anderen Straßenseite steht das **Herkenrather Tor** als Rest der alten Burg.

Sonnengelb leuchtet Burg Zweiffel mit dem Zwiebeltürmchen.

Weiter geht es entlang eines Freizeit-Geländes. Das ehemalige

Freibad aus den 1930er Jahren mit den denkmalgeschützten Holzbauten wurde Anfang der 1990er Jahre geschlossen und zu einer **Strand-Volleyball-Anlage** mit Sommercafé umgestaltet. 15

Gut Schiff: heute ländliche Idylle, vor 100 Jahren Schießpulver-Mühle.

Als landwirtschaftliches Idyll präsentiert sich **Gut Schiff** mit einem Hofladen und umliegenden kleinen **Fachwerkhäusern**. Man ahnt nicht, dass diese Gebäude bis zur Betriebsstilllegung 1910 zu einer der bedeutenderen rheinischen Fabriken für Schießpulver gehörte. An die Explosion einer früheren Pulvermühle 1803 erinnert noch das Hochkreuz auf dem Geländeabsatz zum Wald hin. Mitte des 19. Jahrhunderts entstand dann eine neue, weitläufige Anlage mit vier Pulvermühlen, Wohnhaus, Lagern und Werkstätten. Nach dem Ersten Weltkrieg mussten die eigentlichen Produktionsanlagen niedergelegt werden. 16

Sobald wir den **Wald** erreichen, gehen wir nach rechts und folgen dem Wanderweg entlang der Strunde bis zum Museum zurück. In welcher Jahreszeit das Strundetal am schönsten ist, läßt sich kaum entscheiden. Im Frühling bedecken weiß blühende Buschwindröschen den Boden, im Sommer spenden die hohen Kronen der Buchen und Erlen angenehmen Schatten, im Herbst leuchten die Blätter in allen Farben und bilden einen raschelnden Teppich, im Winter schließlich ist die Natur ganz still und die Blicke schweifen so weit wie sonst nie.

Gleich zu Beginn des Waldes hinter dem Brückchen rechts liegen **Schutzwälle**, die eine der Pulvermühlen umgaben, der Obergraben, der den Mühlrädern das Wasser zuleitete, und der Hohlweg zum Transport der Rohmaterialien und des fertigen Pulvers. Diese Geländespuren sind als **Bodendenkmal** geschützt. Die mächtige **Igeler** 17

Der Mühlgraben begleitet den Waldweg.

18 **Mühle** aus den 1850er Jahren ist das nächste Gebäude, auf das wir treffen. Mit Igeln hat der Name übrigens nichts zu tun, namensgebend waren vielmehr die **standorttypischen Erlen**, die in bergischer Mundart als „leh`len" bezeichnet werden. Der bequeme Weg führt uns auf einem Brückchen über die Strunde und gleich rechts herum parallel zum Hang weiter.

19 Rechts begleitet uns der ehemalige **Mühlgraben**. Am Hang entlang, mit geringst möglichem Gefälle, führte man in eigens ausgehobenen Gräben den Mühlen und Fabriken die Wasserkraft zu. Unten in der Talsohle windet sich der eigentliche Bachlauf der Strunde. Kurz vor der alten Papierfabrik wird die Wasserführung des Mühlgrabens zur Renaturierung der Strunde in die Aue abgeleitet, den Graben können wir jedoch verfolgen, bis wir wieder an unserem Ausgangspunkt am Museum eintreffen.

Für den Aufenthalt im Museum sollte man mindestens zwei Stunden einkalkulieren, der Spaziergang dauert bei gemächlichem Tempo 1,5 bis 2 Stunden.

Der alte Mühlteich an der Neuen Dombach ist renaturiert worden.

Adressen in und um Bergisch Gladbach

Städtische Galerie Villa Zanders
Lage: Stadtzentrum / Konrad-Adenauer-Platz
Geöffnet: täglich (außer Mo) 11-17 Uhr, Do 11-19.30 Uhr

Städtische Fossiliensammlung im Bürgerhaus „Bergischer Löwe"
Lage: Stadtzentrum / Konrad-Adenauer-Platz
Geöffnet: Mo-Fr 10-16 Uhr, Sa 9-13 Uhr
Weitere Informationen: Tel.: 02202-142486

Bergisches Museum für Bergbau, Handwerk und Gewerbe
Burggraben 9-21
51429 Bergisch Gladbach, Ortsteil Bensberg
Tel.: 02204-55559
Geöffnet: täglich (außer Mo) 10-17 Uhr

Schulmuseum / Sammlung Carl Cüppers
Kempener Str. 187
51467 Bergisch Gladbach
Tel.: 02202-84247

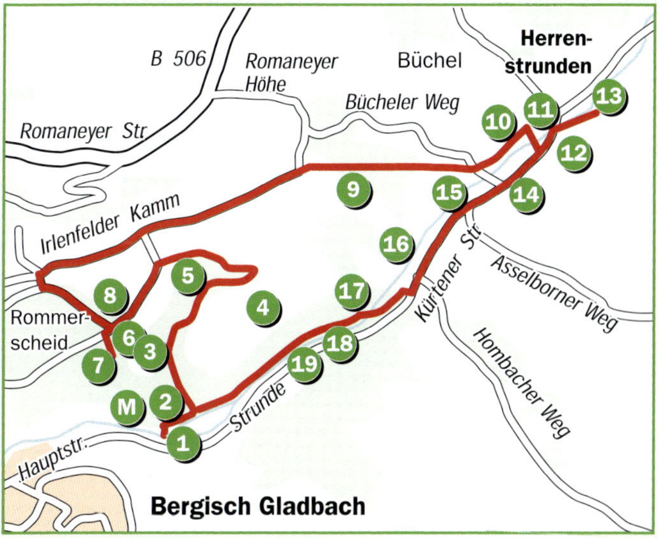

Bergisches Freilichtmuseum Lindlar

Landleben wie zu Großelterns Zeiten

Historisches Handwerk kann in diesem Museum live erlebt werden.

Dieser Ausflug führt uns mitten in den Naturpark Bergisches Land. Im Lingenbachtal in Lindlar scheint die Zeit stehen geblieben zu sein: Im Museum für Ökologie und bäuerlich-handwerkliche Kultur des Landschaftsverbands Rheinland kann in die Welt der Landbevölkerung des vorigen und vorvorigen Jahrhunderts hineingeschnuppert werden. Jeden Tag arbeiten hier verschiedene Handwerker in historischen Werkstätten nach Alt-Väter-Sitte. Auch die Häuser, Höfe, Gärten und Äcker werden wie zu Urgroßvaters Zeiten bewirtschaftet – sogar die Tiere scheinen aus jener Zeit zu sein.

Kurzinfo

Bergisches Freilichtmuseum Lindlar
für Ökologie und bäuerlich-handwerkliche Kultur
Schloss Heiligenhoven / 51789 Lindlar
Tel.: 02266-90100 / Fax: 02266-9010200
Internet: www.bergisches-freilichtmuseum.lvr.de
E-Mail: bergisches-freilichtmuseum@lvr.de

Geöffnet im Sommer:
Ostern bis 31.10.: Di-Fr 10-18 Uhr, Sa und So 10-19 Uhr
Eintritt: 4 €, ermäßigt 2,50 €, Familien 8 €
Gruppen: je Person 3,50 €, Schülergruppen 1,50 €

Geöffnet im Winter:
1.11. bis Ostern: Di-So 10-16 Uhr / **Eintritt:** 3,50 €, ermäßigt 1,50 €, Familien 7 €
Gruppen: je Person 3 €, ermäßigt 1 € / Gruppenführungen 28 €

Museumsladen / Buchungen / Infos: Tel.: 02266-471920
Besondere museumspädagogische Angebote für Schulklassen, Kindergärten, Behinderten- und/oder Seniorengruppen, Vereine. Infos unter Tel.: 02266-471920

Museumsgaststätte „Lingenbacher Hof": Tel.: 02266-464280

Schlossherberge im Schloss Heiligenhoven:
Für Jugendgruppen, Kindergärten und Schulklassen in Verbindung mit dem museumspädagogischen Programm.

Service:
Am Eingang kostenloses Faltblatt mit Plan des Museumsgeländes
Großes Angebot an Seminaren für Groß und Klein

Alljährlich:
30. April: Maifeier mit Maibaumsetzen und Maifeuer im Museum
Letztes Augustwochenende: Bauernmarkt im Museum

Infos über Lindlar:
LindlarTouristik / Tel.: 02266-96407 / Fax: 02266-470543
Internet: www.lindlar.de / E-Mail: brigitte.heck@gemeinde-lindlar.de

Anfahrt mit Bahn und Bus:
Die Oberbergische Bahn RB 25 Köln-Gummersbach bis Engelskirchen fahren, dann weiter mit der Buslinie 332 bis zur Haltestelle Steinscheidt-Bergisches Freilichtmuseum. Andere Verbindungen unter Oberbergische Verkehrsgesellschaft AG (OVAG), Tel.: 02261-926060

Anfahrt mit dem Auto:
Ab Autobahnkreuz Köln-Ost (A3) Richtung Olpe (A4), Abfahrt Untereschbach in Richtung Lindlar. Kurz vor Lindlar liegt rechts im Tal der große Parkplatz des Museums.

Der Weiler Steinscheid existierte hier schon lange vor dem Museum.

Seit 1989 wird im Lingenbachtal bei Lindlar vom Landschaftsverband Rheinland **das erste ökologische Freilichtmuseum Deutschlands** aufgebaut. 1998 eröffnet, kommt ständig Neues hinzu, das es zu entdecken gilt.

Vom Museumsparkplatz folgen wir der Ausschilderung über die Landstraße hinweg zum Eingang des Museums. Das Kassenhäuschen ist vom dichten Blätterwerk großer Bäume beschattet. Es ist das **Tor zu einer anderen Welt**, hinter dem wir in die bäuerliche Welt des vorigen und vorvorigen Jahrhunderts eintauchen. Denn das Tal wurde in den Zustand um 1900 versetzt. Gärten, Äcker, Wiesen und Wälder werden von historischen Wegen, Feldwegen, durchzogen. Wer kleine Kinder auf diese Entdeckungsreise mitgenommen hat, der sollte das Angebot wahrnehmen, sich zum Transport der Kleinen an der Kasse einen **Bollerwagen auszuleihen**.

Wir wählen zunächst den linken Weg, der zum **Weiler Steinscheid** hinunter führt. Der gesamte Weiler, der erstmals Ende des 16. Jahrhunderts erwähnt wurde, konnte vom Bergischen Freilichtmuseum übernommen werden, sodass er hier in seinem angestammten Umfeld zu sehen ist. Alle anderen Gebäude, wie Handwerksbetriebe, Scheunen und Gaststätten, wurden von anderen Orten hierher verlegt.

Im **Hof Peters** ist man überrascht, wenn man mittags das Wohnhaus betritt, denn es kann vorkommen, dass dann **dampfende Pellkartoffeln mit Stipp** auf dem Küchentisch stehen. Aber man ist nicht versehentlich in private Räume eingedrungen. Alles hat seine Richtigkeit und gehört zum Konzept des Museums: Das Museum lebt. Während der Öffnungszeiten **bewirtschaftet eine Haushälterin das**

Haus Peters so, wie es um 1950 üblich war. Der alte Küchenherd fällt sofort ins Auge. Er wird noch genauso wie früher mit Holzscheiten befeuert und auf ihm wird auch gekocht. Im Winter verbreitet er dabei eine wohlige Wärme, im Sommer wandelt er sich jedoch schnell zu einem schweißtreibenden Arbeitsplatz, wenn das Waschwasser auf ihm erhitzt wird und Obst und Gemüse als Wintervorräte in Gläsern eingeweckt werden.

Der Ofen wird wie Mitte des vorigen Jahrhunderts mit Holz befeuert.

Abgetretene Treppenstufen führen ins Obergeschoss. Hier steht auf nackten Dielen eine karge Schlafzimmerausstattung der 1950er Jahre. Das **dörfliche Leben im Bergischen war ärmlich**. Auf dem Schlafzimmerschrank befinden sich wie zu Uromas Zeiten die in Gläser eingemachten Kirschen, Bohnen und Möhren – der Wintervorrat.

Im Stall nebenan grunzt die Sau Berta, ein Deutsches Weideschwein. Diese alte, sehr genügsame und Kälte unempfindliche Schweinerasse war im Bergischen weit verbreitet. Bei der Sau Berta handelt es sich um eine Rückzüchtung. Mit etwas Glück kann man Berta mit ihren Ferkeln erleben. Bei manchen von ihnen lassen sich noch Reste der Frischlingsstreifen entdecken, was die Nähe dieser Rasse zum Wildschwein dokumentiert. Per **Videoübertragung** ist im Schweinestall das Schwalbennest, das sich außen am Gebäude befindet, zugeschaltet.

Alle mögen Sau Berta mit ihren Ferkeln.

Auch andere vom Aussterben **bedrohte Nutztierrassen** können beim Rundgang

Beim Museumsfest fährt sie wieder, die historische Postkutsche.

durch das Museumsgelände bestaunt werden, so das „Rote Höhenvieh" und das „Glanvieh", alte Rinderrassen, sowie Bergische Schlotterkämme und Bergische Kräher.

Ein paar Schritte weiter befinden sich die Pferdeboxen. Wenn die rheinischen Kaltblüter sich nicht in ihren Ställen aufhalten, werden sie während des Gangs durch das Museumsdorf entweder auf der Weide oder auf einem Acker zu sehen sein, denn hier im Lingenbachtal werden **Pferde bei der Feldarbeit** eingesetzt.

In einem Anbau des Hofes ist die **Kutschensammlung des Grafen von Nesselrode** zu sehen. Es sind vor allem ländliche Kutschen, Stadt- und Jagdwagen aus der Zeit Ende des 19. Jahrhunderts. Auch Arbeitswagen, Kipp- und Lastenwagen sind hier zu sehen. Mit ihnen wurde alles transportiert, von Getreidesäcken und Kleinvieh bis zum Mist. Die **„Kaiserlich-Deutsche-Postkutsche"** kommt beim Bauernmarkt zum Einsatz.

Im letzten Gebäude des Weilers ist der **Museumsladen** untergebracht. Je nach Jahreszeit werden hier auch **die geernteten Feldfrüchte angeboten**, keine Normgrößen. Hier bekommt man die frischen, daumengroßen Kartöffelchen, die nur geschrubbt und dann mit der Schale gebraten werden, oder die alten Gurkensorten, die am Stielende schon mal bitter sind. Aber auch wer keine Kochzutaten einkaufen möchte, findet im Museumsladen **Interessantes, vom Obstwein** und Apfelsaft **bis zu Leinenhemden** und Wanderführern.

Wir folgen nun vom Eingang dem rechten Feldweg. Er führt zur Schmiede, unter der, in den Hang hineingebaut, die WC's und ein Wickelraum untergebracht sind.

Schmiede, Stellmacher, Schneider, Schuster und Müller gehörten zu den **traditionellen Dorfhandwerkerberufen**. Oftmals lagen die Werkstätten von Schmied und Stellmacher nah beieinander oder wie hier sogar unter einem Dach, denn für viele Arbeiten waren sie aufeinander angewiesen. So zum Beispiel beim Herstellen von Karren-

Eingang zur Schmiede und Stellmacherei.

rädern. Die **Stellmacherei**, die man hier besichtigen kann, wurde bis 1971 im nahe gelegenen Ort Linde betrieben. Die Ausstattung wurde Ende der 1940er Jahre benutzt, als damit Karren- und Schubkarrenräder hergestellt wurden.

Nach Rauch riecht es in der **rußgeschwärzten Schmiede**. Zweimal wöchentlich wird hier auch heute noch geschmiedet, werden Türbänder und Nägel hergestellt, werden im so genannten **Notstall** die Pferde angebunden, um sie mit neuen Hufeisen zu beschlagen.

Der mit Feldgehölz gesäumte Weg führt uns weiter bergauf. **Holzbänke laden zum Ausruhen ein**. Der Blick schweift über eine **kleinteilige Kulturlandschaft**, wie sie hier im 19. Jahrhundert durch die Realerbteilung entstanden ist. Felder, Wiesen, Wald, Gebüsche und Hecken wechseln sich ab. Im Sommer kann man dem Zirpen der Grillen zuhören und den Duft von Heu, Lindenblüten oder wilder Kamille genießen.

Dem Hinweisschild folgend, erreicht man unten im Tal den langgestreckten Bau der **Seilerei Schaukowski** aus Wipperfürth. Von 1890 bis 1960 wurden in der Seilerbahn die **Hanf- und Baumwollfasern zu Seilen und Kordeln versponnen und verdreht** und auch Hängematten, Strickleitern und Netze hergestellt. Jeden Mittwoch, Donnerstag und Sonntag lebt dieses interessante Handwerk hier noch einmal auf.

Hinter der Seilerei führt der Weg über eine Brücke auf die andere Seite des Lingenbachs zum Schaumeiler.

Viele verschiedene Wildstauden säumen den Wegesrand.

Gelegentlich wird auf dem Meilerplatz ein **Holzkohlemeiler** aufgeschichtet und Holz langsam zu Holzkohle verkohlt.

Die Holzkohle war einst für das Bergische Land von großer Bedeutung, sowohl für die Eisen- und Stahlverarbeitung als auch für die Herstellung von Spreng- und Schießpulver. Durch den hohen Bedarf an Holzkohle verschwanden im 19. Jahrhundert nahezu alle Waldbestände des Bergischen Landes.

Auf dem Hügel liegt der Museumsweiler Oberlingenbach.

Unser nächstes Ziel ist der Gebäudekomplex **„Oberlingenbach"**. Von der Seilerei gehen wir ein Stück zurück und halten uns dann links. Auf einer Weide befinden sich Unterstände für die Kaltblutpferde, der Weg wird von Obstbäumen und Wildrosen gesäumt. Auf der großen Schweineweide verströmen zur Freude der Besucher große Bestände Kamille ihren Duft. Weideschweine mögen, so scheint es, keine Kamille.

Grauwackepflaster unter den Füßen zeigt an, dass Oberlingenbach erreicht ist. **Obstwiesen** umgeben diesen „Ort". Alte bergische Obstsorten, Hochstämme, sind hier angepflanzt worden, darunter der Jacob Lebel, der Winterrambour oder die Gute Graue. Dabei handelt es sich um Apfel-, aber auch Birnensorten, die **an das bergische Klima angepasst** sind und reiche Ernte bringen. Sie haben jeweils **besondere Eigenschaften**, sei es, dass sie früh reif sind und als Frischobst sofort verzehrt werden können, dass sie sich besonders zum Kuchenbacken eignen oder zum Mosten, dass sie als Lageräpfel oder -birnen im Winter die Obstversorgung garantieren oder aber, weil besonders süß, als Trockenobst die Milchsuppe süßten.

Ein **Bienenstand am Rande der Obstwiese** und Infotafeln erläutern die Imkerei und ihren Stellenwert für die Menschen früher und heute, lieferten doch die Bienen den Honig zum Süßen und das Wachs für Kerzen. Und der Ertrag der Obstbäume ist bis heute vom Fleiß der Bienen abhängig!

Die **Wiesen und die Ackerflächen** werden im Museumsgelände nach **historischem Vorbild** und mit altem Gerät **bewirtschaftet**. Immer ist irgendetwas zu entdecken: Je nach Jahreszeit und Wochentag kann man die **Kaltblutpferde bei der Arbeit erleben**, kann man zusehen, wie sie den Pflug ziehen, mit ihrer Hilfe geeggt, Gras gemäht oder Heu gewendet wird. Liebhaber alter Maschinen werden in einer großen Scheune in Oberlingenbach weitere Highlights entdecken: ein altes **Feuerwehrauto und mehrere Traktoren**, vom Hela Diesel bis zum Lanz Bulldog, sowie eine alte Dreschmaschine.

Eine Scheune der besonderen Art ist die aus Rösrath-Großhecken, die jetzt hier in Oberlingenbach steht. Sie stammt aus dem 19. Jahrhundert und gehörte zu einem kleinen Bauernhof. Es ist faszinierend, wie viele Funktionen hier auf kleinstem Raum unter einem Dach untergebracht sind.

oben: Lanz-Lokomobile in Aktion.

unten: Back- und Dörrofen waren für die Selbstversorgung wichtig.

Neben dem **Steinbackofen** zum Brot- und Kuchenbacken liegt der große Dörrofen. Im offenen Rauchfang hingen früher wohl Schinken, Speck und Würste. Im anschließenden Backraum wurde in großen Trögen der Teig zubereitet. Frisches Wasser lieferte der **holzverkleidete Hausbrunnen**, der außen in einer Nische liegt. Eine Werkstatt, ein Hühnerstall und auch die Türe mit dem Herzchen, hinter der sich das Plumpsklo befand, fehlen nicht. Im hinteren Drittel des Gebäudes **schnarcht das Schwein in seinem Stall**. Im Dachraum darüber wurde das Viehfutter gelagert. Diese funktionale Einheit wurde im Anbau durch eine so genannte Krautpresse vervollständigt, mit der Saft aus dem Obst gepresst wurde.

Gegenüber der Scheune liegt eine **Sägerei**. 1908-1978 war dieses **Horizontalsägegatter** in Hackenbroich bei Dormagen in Betrieb. Es

zersägt Stämme von über einem Meter Durchmesser. An bestimmten Tagen im Jahr, so auch beim Bauernmarkt im August, wird dieses Sägegatter durch eine Lanz-Lokomobile von 1907 angetrieben und kann noch einmal zeigen, wie es geht.

Der Blickfang in Oberlingenbach ist die **Gaststätte Römer** und die daneben liegende Museumsgaststätte. In einzelnen, großen Teilen wurde die Gaststätte Römer, samt schieferverkleideter Fassade, Stück für Stück in Wuppertal-Sandfeld ab- und an diesem Ort wieder aufgebaut. Die ganze Einrichtung, ja **selbst die verrauchte Tapete ist authentisch**. Am neuen Gebäude der angrenzenden **Museumsgaststätte** haben die Dachdecker bei den Schieferverzierungen noch einmal ihr Können unter Beweis gestellt. Viele werden die Gelegenheit zu einer Rast, zum Ausruhen, Stärken und Erfrischen nutzen.

Als wäre er gerade noch benutzt worden: der Tresen der Gaststätte Römer.

Schräg gegenüber, **im Gebäude einer ehemaligen Feilenhauerei**, ist eine **Sattlerei** aus Lindlar untergebracht. Dienstags und samstags zeigt ein Sattler sein Können und kann viel über die alten Techniken bis hin zur **Peitschenherstellung** erzählen. Im Gatter nebenan wartet das Ostfriesische Milchschaf auf eine Streicheleinheit, wenn es nicht gerade frei im Gelände umher läuft.

Kaltblüter bei der Feldarbeit.

Der Weg aus Oberlingenbach hinaus ist wieder mit Obstbäumen gesäumt und führt zu einem mit Linden bestandenen Feldweg. Wir kreuzen diesen Weg und gehen auf einem bewachsenen Feldweg weiter. Linker Hand liegt Ackerland, und mit etwas Glück kann man die Bearbeitung des Feldes mit einem **Pferde- oder Zugkühegespann** miterleben oder den Duft des reifen Getreides in sich aufsaugen. Wie es im 19. Jahrhundert hier üblich war, werden Roggen, Hafer, Kartoffeln, Rüben und Klee im Wechsel angebaut.

Nach Alt-Väter-Sitte werden im Gemüsegarten auch Stangenbohnen angebaut.

Rechts des Wegs schließt sich ein **großer Gemüsegarten** an. Er liegt außerhalb des Ortes in geschützter Lage und wird, in einzelne Parzellen unterteilt, von verschiedenen Familien bewirtschaftet – und von **Vogelscheuchen bewacht**. Hier im Museum bearbeiten Paten aus Lindlar dieses Land. Sie ziehen nach Alt-Väter-Sitte Gemüse wie Mangold und Stangenbohnen, Gewürz- und Heilkräuter wie Borretsch und Pfefferminze, Beerenobst und auch Blumen wie Ringelblumen, Stockrosen und Eisenhut.

Diese Vielfalt findet man auch im angrenzenden **Garten des Bandweberhauses**. Dieses Haus wurde aus Wuppertal-Ronsdorf transloziert. Der dazugehörende **Bauerngarten** entstand hier wieder neu. Wie 1920 wird er von einer schützenden Hecke aus Weißdorn, Schlehen und Rosen umgeben, sind die Beete **mit Buchsbaum gesäumt**. Zur Blütezeit erfüllt das Summen der Insekten den Garten. Die alten, zumeist ungefüllten Kulturpflanzen sind bei Bienen, Wespen, Schmetterlingen & Co beson-

Im Eingangsraum des Bandweberhauses befindet sich die Wasserpumpe.

Museum zum Be-Greifen: Die Ziegen freuen sich über einen saftigen Leckerbissen.

ders beliebt, und so kann man hier die unterschiedlichsten Arten beobachten.

Das **Bandweberhaus Thiemann** wurde Ende des 18. Jahrhunderts erbaut. Arbeiten und Wohnen fand unter einem Dach statt. Die Ausstattung zeigt hier den Zustand von 1920. Die gute Stube wurde nur sonntags und das so genannte Weihnachtszimmer noch seltener benutzt. Der Raum rechts vom Eingang war Wohn- und Arbeitsraum zugleich. In ihm steht ein Bandwebstuhl, an dem die Familie Thiemann zwischen 1870-1970 Bänder fertigte, vom seidenen Hutband bis zum einfachen Blumenband. Zu besonderen Gelegenheiten wird der **Bandwebstuhl in Gang gesetzt**, und wer möchte, kann ein hier gewebtes **Lesezeichen als Souvenir** kaufen. Außen führt eine Treppe in den kühlen, vollständig aus Bruchsteinen gemauerten Gewölbekeller.

Als letzte Baugruppe steuern wir den **„Hof zum Eigen"** an, der noch nicht ganz vollständig ist. Bisher sind ausschließlich die Nebengebäude aufgebaut worden: eine **Fachwerkscheune** sowie ein **Backhaus**, dessen Obergeschoss als Speicher genutzt wurde. Wie zur Zeit seiner Erbauung 1729 ist das Haus auch jetzt wieder mit Stroh gedeckt worden. Hier kann man mittwochs und sonntags dem Bäcker bei seiner Arbeit über die Schulter schauen. Fast genauso alt ist der **Speicher** mit seinen gut 60 cm dicken Bruchsteinmauern. Ein **Wohnhaus** und eine **Zehntscheune** sollen diesen Gebäudekomplex in Zukunft komplettieren. Dann wird man hier die soziale Situation der Pächter zu Beginn des 19. Jahrhunderts nachvollziehen können.

Auf dem Rückweg zum Eingang können wir noch einmal auf einer der Bänke eine Rast einlegen und den Blick über das Tal genießen.

Wanderung bei Lindlar

Schloss Oberheiligenhoven

Unsere Wanderung beginnt an der rechten Ecke des Museumsparkplatzes, wo am Waldrand der Wanderweg A1 vorbeiführt. Wir folgen ihm nach rechts bis zur **Dreifaltigkeitskapelle**. Um 1700 er- 1
baut, steht im Inneren ein schlichter Barockaltar mit dem Relief der hl. Dreifaltigkeit, darüber das Wappen der Familie von Waldenburg. Ihr gehörte die im 15. Jahrhundert entstandene **Burg Unterheiligen-** 2
hoven, deren Ruine auf dem gegenüberliegenden Hügel liegt. Im Bereich des heutigen Hofes lag früher die Vorburg. Erhalten ist das steinerne Wohnhaus von 1626 mit hohem Kellergewölbe und Freitreppe, das an die frühere Vorburg gesetzt wurde. Der Wanderweg führt an seiner Rückseite vorbei, an der eine Metalltafel Erläuterungen gibt. Unter den vier sehr alten Kopflinden am Rande des Hofes tagte angeblich schon das **Hofgericht zu Unterheiligenhoven**, daher rührt auch 3
der Name **Feme-Linde**.

Hinter der **Dreifaltigkeitskapelle** gehen wir nach links den Wanderweg A3 weiter am Waldrand entlang, oberhalb des Voßbrucher Bachs vorbei an **Kreuzwegstationen** bis zur **Johanniskapelle**. Sie wur- 4 5
de schon 1705 als Prozessionsstation beschrieben. Dann geht es links die von einer Baumreihe gesäumte Straße hinunter, wo wir **Schloss Oberheiligenhoven** erreichen. 6

1425 erstmalig erwähnt, wurde hier 1758-60 eine barocke Schlossanlage mit zweiflügliger Vorburg errichtet und nach 1788 zu einem

St. Severin überragt den historischen Ortskern von Lindlar.

Verschieferte Fachwerkhäuser sind typisch für das Bergische Land.

Rokoko-Herrensitz ausgebaut. Ab 1956 diente das Schloss als Familienerholungsstätte und beherbergte außerdem ein Hotel/Restaurant. 1973 brannte es bis auf die Grundmauern ab und wurde vollständig neu errichtet. Seit 2000 gehört das Gebäude dem Landschaftsverband Rheinland. Das **Freilichtmuseum Lindlar** hat hier seinen **Verwaltungssitz**, außerdem sind hier Seminar- und Ausstellungsräume sowie eine Schlossherberge für Schulklassen untergebracht. Ein **Hotel/Restaurant mit Gartenwirtschaft lädt zur Rast** ein, und in Zukunft wird der Naturpark Bergisches Land hier sein Infozentrum be-
7 treiben. Der angrenzende **Freizeitpark** mit Spielplatz ist besonders
8 für Kinder attraktiv. Das **Parkbad** mit der 60 Meter langen Wasserrutsche lockt genauso wie die Spielwiesen mit Spielgeräten, Freiluftschach und einer **Minigolfanlage** am Teich mit **Bootsverleih**.

9 Durch den Park erreicht man den **historischen Ortskern von Lindlar** mit seinen verschieferten Fachwerkhäusern und so mancher Einkehrmöglichkeit, sei es Café, Eisdiele oder Restaurant.

Tipp: Wer noch mehr über die Besonderheiten dieser Landschaft erfahren möchte, der folgt dem **Steinhauerpfad** (ca. 2,5 Std.), der an den ausgeschilderten Steinbruchbetrieben Quirrenbach und Schiffarth beginnt. Ab dem großen Grauwackestein mit der Aufschrift „Steinhauerpfad" führen weiße Punkte durch das Steinbruchgebiet Lindlars, ein Weg zu den Arbeitsplätzen der alten Steinhauer.

Vor dem Schloss nach links und hinter der Umzäunung rechts am
10 **Abenteuerspielplatz** vorbei in den Wald und dem mit A1 bezeichneten Wanderweg folgend, kommen wir zurück zum Museumsparkplatz.

Minigolf im Freizeitpark
Geöffnet: April-Oktober
Mo-Fr ab 13 Uhr, Sa+So ab 11 Uhr, Gruppen nach Vereinbarung
Tel.: 02266-2755

8 **Parkbad Lindlar GmbH**
Mit 60 m-Rutsche, Wellness-Pavillon,
im Sommer Liegewiesen und Beach-Volleyball-Anlage
Tel.: 02266-96180

Kuriositätenmuseum
Georg Herrmann / Schützenstraße 26
Lindlar-Altenrath
Kostenlose Besichtigung ab 11 Uhr täglich
Gruppen bis max. 15 Pers. nach Vereinbarung
Tel.: 02266-6839

Führungen durch die Steinbrüche Lindlars
Nicht nur für Fossiliensammler interessant
Termine und Infos unter: Tel.: 02266-96407 / Fax: 02266-470543

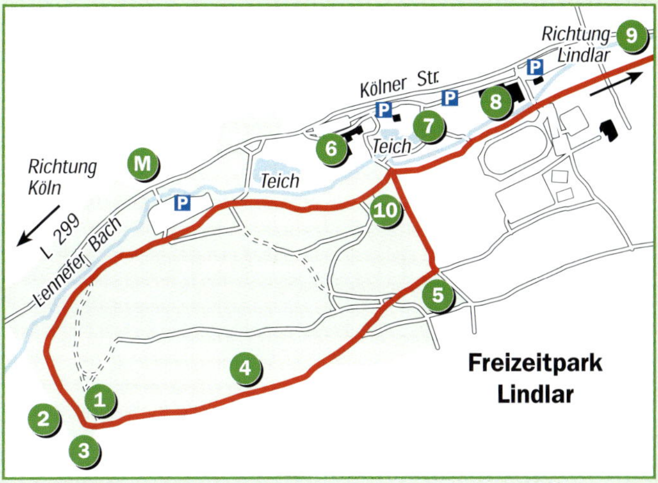

Rheinisches Industriemuseum Engelskirchen

Strom aus Wasserkraft

„Unter Spannung" heißt das Motto, unter dem sich das Rheinische Industriemuseum in Engelskirchen in der ehemaligen Textilfabrik Ermen & Engels präsentiert.

Bei einem Rundgang erfahren wir viel über die Geschichte der Textilfabrik, die Lebensbedingungen der Arbeiter und Arbeiterinnnen, die Energiegewinnung aus Wasserkraft und auch über die Veränderungen, die die Versorgung der Bevölkerung mit Strom mit sich brachte. Weitere Highlights sind Maschinen aus der letzten Wollspinnerei des Oberbergischen und der zum Museum gehörende, wasserbetriebene Oelchenshammer, den wir auf einer Wanderung entdecken können, die uns auch zur Aggertalhöhle führt.

So präsentierte sich die Baumwollspinnerei Ermen & Engels um 1890.

Kurzinfo

Landschaftsverband Rheinland
Rheinisches Industriemuseum (RIM) Engelskirchen
Baumwollfabrik Ermen & Engels
Engelsplatz 2 / 51766 Engelskirchen
Tel.: 02263-92850 / Fax: 02263-9285199
Internet: www.rim.lvr.de

Geöffnet: Di-Fr 10-17 Uhr, Sa und So 11-18 Uhr

Eintritt: Erwachsene 3 €, ermäßigt 2,50 € / Kinder ab 6 Jahre 1,50 € Familien 6 € / Gruppen ab 10 Pers. 2,50 € pro Person, Zuschlag für Sonderausstellung 1,50 € / Kinder im Klassenverband frei

Führungen: ab 28 €

Oelchenshammer:
Geöffnet: 1.4.-31.10., Sa 14-18 Uhr, So 11-18 Uhr
Eintritt: Erwachsene 2 €, ermäßigt 1,50 €; Gruppen ab 10 Personen 1,50 € pro Person / Kinder 1,50 € / Kinder-Gruppen ab 10 Personen 1 € pro Person / Familien 4 €
Führungen: 28 € ohne Schmieden, 64 € incl. Schmieden

Museumspädagogische Angebote

Museumsshop

Alljährliche Veranstaltungen:
Ostersamstag: Kinder-Ostereierfärben, Ostern: Osterspaziergang mit Ostereiersuchen, **1. So im April**: Aufschlagfest am Oelchenshammer, **letzter Sonntag im Oktober**: Abschlagfest am Oelchenshammer

Info Gemeinde Engelskirchen:
Gemeinde Engelskirchen, Engelsplatz 4 / 51766 Engelskirchen
Tel.: 02263-830 / Fax: 02263-1610

Anfahrt mit Bus und Bahn:
Stündlich vom Kölner Hauptbahnhof in ca. 45 Minuten mit der RB 25 Richtung Gummersbach. Vom Bahnhof Engelskirchen wenige Fußminuten die Märkische Straße nach rechts gehen.

Anfahrt mit dem Auto:
Von Köln über die A4 Richtung Olpe bis zur Ausfahrt Engelskirchen.
Erst der Beschilderung „Engelskirchen", dann „Industriemuseum" folgen.

Anfahrt mit dem Auto zum Oelchenshammer:
Vom Museum der B55 nach links Richtung Overath und im Ortszentrum der Beschilderung „Bickenbach" folgen. Vor dem Ortseingang Bickenbach ist der Oelchenshammer an einer Kreuzung nach rechts ausgeschildert.

Museumseingang im denkmalgeschützten Hauptgebäude der ehemaligen Fabrik. Davor ein Modell der Gesamtanlage.

Die **Fabrik Ermen & Engels** wurde 1840 von Friedrich Engels, dem Vater des gleichnamigen Sozialisten, gegründet. Er war aus Wuppertal-Barmen ins Oberbergische Land gekommen, da es hier **billige Arbeitskräfte und ausreichend Energie** aus Wasserkraft gab, um eine moderne Fabrik zu betreiben. Für seine **Baumwollspinnerei** nutzte Engels die wassertechnischen Anlagen des alten **Braunswerther Hammers** von 1566.

Neben den Fabrikgebäuden wurde 1855 auch seine im Stil des Klassizismus erbaute Villa fertiggestellt, mit einem **Landschaftspark** nach englischem Vorbild, der bis an die Agger reicht. Bis 1979 produzierte diese Fabrik Baumwollgarn, dann führte die Konkurrenz durch die Billiglohnländer auch am Standort Engelskirchen zum Aus.

Ein **preisgekröntes Umnutzungskonzept** bewahrte die Anlage inklusive der Villa jedoch vor dem Abriss. Die meisten Gebäude blieben erhalten und beherbergen heute neben dem Museum auch Rathaus, Feuerwehr, Polizei, Caritas, Wohnungen und Restaurants.

Mitten im ehemaligen Fabrikgelände auf dem Engelsplatz befindet sich ein **Modell der Fabrikanlage** zur Zeit ihrer größten Ausdehnung 1910, unter anderem mit Zwirnerei, Spinnerei, Färberei, Haspelei, altem und neuem Baumwolllager, Kutschenhaus, Dampfkesselhaus und der Villa. An ihm können wir gut nachvollziehen, welche Gebäude heute noch vorhanden sind, welche nicht. Auf dem gesamten Gelände verteilt sind **17 so genannte Schatzkisten** aufgestellt. **Sie gilt es zu entdecken!** Öffnet man eine Kiste, so deutet der Inhalt auf die ehemalige Nutzung des Gebäudes, vor dem sie steht.

Im ehemaligen **Zwirnereigebäude** befindet sich heute die **Außenstelle Engelskirchen des Rheinischen Industriemuseums (RIM)** des Landschaftsverbands Rheinland, einem **Museum mit den sechs**

Standorten Oberhausen, Ratingen, Bergisch Gladbach, Euskirchen, Engelskirchen und Solingen. Im ersten Stock sind die Kasse und der **Museumsshop** untergebracht, in dem es viele Produkte gibt, die, wie ehemals die Erzeugnisse der Firma Ermen & Engels, einen Engel als Motiv haben. Unser Rundgang beginnt im Raum nebenan. **Kopien alter Dokumente**, zum Glück durch Transkription in unsere moderne Schrift für jeden lesbar, **schildern den Ausbau und die Entwicklung dieser Fabrik**. In einem Buch an der Wand finden wir Briefe von Firmengründer Friedrich Engels an seine Frau Elise in Wuppertal-Barmen. Es lohnt sich, darin ein wenig zu schmökern. So berichtet er 1846 zum Beispiel von den **Arbeiten an den Wasserbauten** und dem neuen Wasserrad. Durch diese Schilderungen können wir die **Widrigkeiten** erahnen, mit denen man **in den Anfängen der Firma Ermen & Engels** zu kämpfen hatte. Hinter einem stilisierten Mühlrad wird die damalige **Nutzung der Wasserkraft** erläutert.

Schatzkisten informieren über die einzelnen Gebäude.

Die Nutzung der Wasserkraft ist ein spannendes Thema.

Die **Arbeitsbedingungen** der Arbeiterinnen und Arbeiter vor ca. 150 Jahren, zu denen auch Kinder gehörten, ist ein nächstes Thema. Zeitungsausschnitte dokumentieren die damalige **Einstellungspolitik**.

Wir gehen weiter durch die rechte Tür und die Treppe hinunter bis in den **Keller**. **Blaue Lichtreflexe und ein Rauschen** umfangen uns und signalisieren, dass es hier früher nass war. Wir befinden uns im ehemaligen **Turbinenkeller**, in dem das Wasser der

Agger zu den Turbinen floss, durch die **Turbinenräder** strömte, dann einen sechs Meter tiefen Schacht hinunterstürzte, um anschließend unterirdisch wieder die Agger zu erreichen.

Die beiden **Turbinen** der Fabrik Ermen & Engels, die wir im Keller vor uns sehen, waren **von 1909 bis 1979 in Betrieb**. Eine Computeranimation erläutert ihre Funktionsweise. Im 19. Jahrhundert entwickelt, war ihr Nutzungsgrad im Vergleich zum Wasserrad wesentlich höher.

Ein Luftbild über dem Wasserkraftmodell zeigt, wie die frühere Anlage in der Landschaft lag.

An verschiedenen Stellen begegnet uns **Herr Hoffstadt, der letzte Betriebs- und Maschinenwart** bei Ermen & Engels. Wenn wir uns seinem originalgroßen Abbild nähern und auf die Kontaktzone treten, erzählt er etwas über die Arbeitsabläufe in der Fabrik. Hier zum Beispiel, welche Schwierigkeiten Eisschollen auf der Agger für den Betrieb der Turbinen bedeuteten.

Ein paar Schritte weiter befinden wir uns plötzlich am **Einlaufbecken**, vor dem auch heute noch das Wasser steht. Zum Glück fließt es aber nicht weiter, da es uns ansonsten überfluten würde. Der große **Metallrechen** über dem Becken hielt einst Laub, Äste und sonstiges sperriges Material von den Turbinen ab. Durch den zweiten Kellerschacht gelangen wir zu einem großen **Modell der Wasserkraftanlage**, das die Agger mit Obergraben, Stauteich, Überlauf, Turbine und Untergraben zeigt.

Dieses Modell reizt jeden **Besucher**, vom kleinen Kind bis zur Großmama, spielerisch die **Wasserkraft der Agger zu nutzen** und zu beherrschen zu versuchen. Genauso wie **einst der Turbinenwart** muss der Spieler dabei am Modell mit dem Wasser haushalten. Den Zulauf zum Stauteich und den Ablauf kann er regulieren. Der Erfolg, wieviel Strom wie lange durch die Wassermassen erzeugt wird, ist im Modell an einem Messgerät ablesbar, das an der Stelle der Fabrikturbine eingebaut ist.

So mancher Modellturbinenwart hat aber auch einfach Spaß dar-

an, die Auswirkungen falscher Entscheidungen, nämlich eine **große Überflutung des Modells, zu erleben**. Es fällt schwer, sich von hier loszureißen, aber wir gehen zurück in den Turbinenraum und links durch eine Maueröffnung in den **Generatorraum**. Dickes, geschlossenes Mauerwerk trennte ihn einst von den Wassermassen im Turbinenkeller. Der Generatorraum musste völlig trocken sein, da hier Strom erzeugt wurde. Das große **Schwungrad**, das durch eine Achse mit der Turbine verbunden ist, **trieb den Generator an und wandelte so die Wasserkraft der Agger in Elektrizität um** und versorgte die Fabrik und den Ort mit Strom.

Eine multimediale Präsentation erläutert anschaulich die **Funktionsweise eines Generators** und den Generatorraum als Teil der Stromerzeugungsanlage der Firma Ermen & Engels. In armdicken Leitungen wurde der Strom schließlich vom Generator zur zwei Stockwerke höher liegenden Schalttafel geführt.

Zurück durch den Lamellenvorhang führt uns die Treppe ein Stockwerk höher in die **Regler-Etage**. Hier sieht man die historischen Regler, die für den gleichmäßigen Lauf der Turbinen sorgten. Das **Modell vom „Kraftwerk der Fabrik"** vermittelt uns, wie das Zusammenspiel von Turbine, Generator und Regler funktionierte. Auf Nachfrage zeigen die Museumsangestellten das Modell in Bewegung.

Eine Etage höher befindet sich die **originale Schalttafel aus den 1950er Jahren**. Von hier wurde die gesamte Stromerzeugung und Stromversorgung des Betriebs mit unzähligen Messuhren, Hebeln und Schaltern gesteuert. Der **Schaltwart hatte die Kontrolle darüber**. Nur

oben:
Das große Schwungrad trieb 70 Jahre lang den Generator an.

unten:
Von der Schalttafel wurde der Strom in der Fabrik und ins Umland verteilt.

er besaß damals einen Schlüssel zu der Tür mit der Aufschrift **„Eintritt verboten"**, die hinter die Schalttafel führte, dorthin, wo der Strom durch unisolierte Metallschienen floss. Wir dürfen **heute ohne Gefahr für Leib und Leben** in diesen Bereich gehen, wo eine Computeranimation nähere Auskünfte über die Geschichte und die Funktion der Schalttafel gibt, aber auch darüber, welche Probleme und Gefahren es gab. Über diese Fragen informiert unter anderem ein **riesiges Ringbuch**, das nur mit beiden Händen umgeblättert werden kann. Ein besonders behandeltes Thema ist der **Arbeitsschutz für Elektriker**. Er verdeutlicht die Gefahr, die beim Arbeiten mit Strom besteht.

Computeranimationen fesseln auch die jungen Gäste des Museums.

Im nächsten Raum, dem so genannten **Lichtraum**, zeigt eine **Ton-Dia-Schau**, welche Entwicklung das elektrische **Licht seit Anfang des 20. Jahrhunderts** nahm. Es eroberte Fabrikhallen, Büros, Straßen und Wohnungen. In den Seitenwänden des Raumes sind Dioramen eingelassen. Spinksen erwünscht. Am Ende der Ton-Dia-Schau wird eine alte Kohle-Bogen-Lampe aus den 1930er Jahren gezündet. Bei Ermen & Engels erhellten 40 Bogenlampen die Hallen der Spinnerei.

Durch einen Vorhang erreichen wir den großen Ausstellungsraum. Als erstes wecken **Großbücher** das Interesse. Das Buch neben dem **Elektromotor** gibt einen Überblick darüber, wie die Elektrizität in der Region verwendet wurde. Über technischen Fortschritt in den elektrischen Spinnereien und auch über die Schattenseiten informiert das zweite Buch.

Eine ehemalige Spinnerin der Firma Ermen & Engels zeigt ihr Können an der Ringspinnmaschine.

Jede Menge elektrische Geräte eroberten den Haushalt.

Danach werden wir „handgreiflich". Wir können unseren **Tastsinn schärfen** und Proben von Rohbaumwolle bis zum Endprodukt erfühlen. Multifunktionale Vitrinen zeigen anschaulich die Arbeitsschritte, die die Baumwolle vor und nach dem Spinnprozess durchlief, bevor sie als farbiges Garn die Fabrik verließ. Fotografien der Belegschaft aus dem Jahr 1893 rufen uns in Erinnerung, dass all diese Arbeiten von vielen Menschen geleistet wurden.

Über eine Wendeltreppe geht es hinunter zu den Maschinen der Wollspinnerei Gast, die als letzte Spinnerei ihrer Art im Oberbergischen Land produzierte. Heute kann in dieser **museumseigenen Wollspinnerei** verfolgt werden, **wie aus Rohwolle** von Schafen **ein Faden entsteht**. Wieder zurück in dem großen Ausstellungsraum zieht die große **Ringspinnmaschine** die Aufmerksamkeit auf sich. Schemenhafte Frauenfiguren hinter der Maschine demonstrieren die wichtigsten Handgriffe. Wenn wir uns vor sie auf die Trittflächen stellen, erzählen ehemalige Arbeiterinnen von ihrer Arbeit an diesen Maschinen.

In dem freundlichen Museumsraum von heute sind die damaligen Arbeitsbedingungen nur noch schwer vorstellbar. Einen Eindruck vom Lärm, den die Maschinen machten, und dem Stress, den er bei den Arbeiterinnen auslöste, erhält der Besucher jedoch, wenn er den

Kopf in die **große Metallkugel** an der Wand steckt und sein Ohr durch einen Clip an das Gerät anschließt. Denn dann wird es laut in der Kugel, der authentische **Arbeitslärm** einer Fabrikhalle mit Spinnmaschinen **beschleunigt den Pulsschlag**. Es überrascht, wie lange auch nach Ende des Lärms diese Reaktion des Körpers erhalten bleibt.

Dioramen und Schubläden geben Informationen zum Stromanstieg.

Wie gravierend der Strom die Arbeit im Haushalt und in den Büros veränderte, belegen in dem Museum unzählige Ausstellungsstücke. Wir finden hier den **„Starmix" der 1950er Jahre** genauso wie die **„Mercedes Elektra"**, eine der ersten elektrischen Schreibmaschinen – Geräte, die viele noch aus ihrer Kindheit oder Jugend kennen. Welche Auswirkung auf den Stromverbrauch der massive Einsatz von Elektrogeräten in allen Bereichen des täglichen Lebens hatte, zeigt die stetig ansteigende Stromkurve an der Rückseite des Raumes. Ein Filmaus- schnitt mit Heinz Rühmann in der Rolle eines Staubsaugerverkäufers lässt uns schmunzeln.

Letztes Thema dieser Ausstellung ist das **Ende der Fabrik Ermen & Engels**. **1845 hatte Engels begonnen, im Bergischen Land zu produzieren**, da die Arbeitskräfte hier billig waren und genügend Energie zur Verfügung stand. **1979 wurde die Fabrik geschlossen.** Die Maschinen wurden eingepackt und in die so genannte „Dritte Welt" verschifft, dorthin, wo man günstiger produzieren kann. Eine Weltkugel und eine Fotowand verdeutlichen, wo heute die billigsten Arbeitskräfte zu finden sind. Die angrenzende „Besucherecke" lädt am Ende dieses Rundgangs zum Verweilen ein. Die Servicekräfte des Museums schenken hier gerne Getränke aus. Sagen Sie ruhig Bescheid.

Links vom Museumsausgang sind im **Alten Baumwolllager** oft **Sonderausstellungen** des RIM Engelskirchen zu sehen, vielleicht bald auch einmal wieder diejenige, die dem Sozialisten Friedrich Engels gewidmet ist, dem Sohn des gleichnamigen Firmengründers Friedrich Engels.

Wanderung zu Aggertalhöhle und Oelchenshammer

Die ehemalige Fabrikantenvilla beherbergt heute den Bergischen Abfallwirtschaftsverband.

Der **Rundgang** (ca. 12 km) führt uns unter anderem zur Aggertalhöhle und dem Oelchenshammer, der auch zum RIM Engelskirchen gehört und an manchen Tagen aus dem Dornröschenschlaf erwacht.

Vom **Museum (M)** folgen wir der Märkischen Straße nach links, dem mit einem großen **M** ausgeschilderten **Museumswanderweg**. Das erste Gebäude hinter der Bahnlinie, das so genannte **Meisterhaus**, gehörte zur Fabrik Ermen & Engels. Es wurde im 19. Jahrhundert mit Elementen des damals beliebten so genannten **Schweizer Stils** erbaut. Bis 1927 wohnte hier Hermann Engels mit Familie, danach Meister und Prokuristen der Firma. Hinter diesem Gebäude biegen wir nach rechts und folgen an der nächsten Querstraße der Ausschilderung weiter nach rechts. Der Weg führt aus Engelskirchen hinaus. Hinter den letzten Häusern bietet sich ein Blick ins Aggertal. Nur noch ein kleiner Teich ist von dem einstmals großen **Stauteich der Fabrik Ermen & Engels** übrig geblieben, dessen frühere Ausmaße als große ebene Fläche vor der B55 für jeden gut erkennbar sind. Hinter dem Ort Hardt führt der Weg noch einmal ganz nah an die **Bahnstrecke Köln-Gummersbach** heran, die seit den 1880er Jahren in Betrieb ist. Durch Feld und Wald geht es weiter, der Weg verlässt schließlich das Aggertal und führt den kleinen Walbach hinauf zur **Aggertalhöhle**. Sie ist keine reine Tropfsteinhöhle. Ihre Geschichte kann bei einem Gang durch ihren ca. 600 Meter langen, erschlosse-

1

2

3

4

Am Ende des Stauteichs stehen zwei Hammergebäude.

nen Teil nachvollzogen werden. 360 Millionen Jahre alte Korallenbänke, entstanden aus den Kalkskeletten der Schalentiere, eine Auffaltung des Gebirges und schließlich die Erosionskräfte des Wassers haben Hallen und Gänge aus dem Berg ausgewaschen. Dass sich der ausgewaschene Kalk auch vor Ort wieder ablagerte, sehen wir an den imposanten, herabhängenden und vom Boden aufwachsenden **Tropfsteingebilden**, den Stalaktiten und Stalagmiten. Winter wie Sommer herrschen in der Höhle ca. acht Grad Celsius, daher sollten die **Jacken nicht vergessen** werden. Wer mag, kann hier an der Höhle eine Rast einlegen. Ein Kiosk sorgt mit Herzhaftem, aber auch mit Kaffee und Kuchen für Stärkung, der angrenzende **Minigolfplatz** für das Training einer ruhigen Hand.

Hinter der Aggertalhöhle führt der Museumsweg weiter über Feckelsberg nach Bickenbach, wo am Hang des Leppetals der **Stauteich des**
5 **Oelchenshammers** liegt. An seinem Ende bilden zwei Hammergebäude den Abschluss. Im gut 200 Jahre alten Oelchenshammer wurden einst Bänder für Fässer geschmiedet, bis 1860 die Firma Dörrenberg den Hammer übernahm und Spezialstahl produzierte.

Damals war der Oelchenshammer nur einer von vielen Hämmern an der Leppe. Erzvorkommen, Wälder als Holzkohlelieferanten und die vielen Wasserläufe hatten **das Bergische Land** zu einem **Schwerpunkt der frühindustriellen Eisenverarbeitung** werden lassen. Als später das Ruhrgebiet, bedingt durch Kohlebergbau und bessere Verkehrsanbindungen, die führende Rolle in der Eisenverarbeitung übernahm, wurden Anfang des 19. Jahrhunderts die meisten Hämmer in dieser Gegend aufgegeben.

Das außen liegende Wasserrad treibt den Blasebalg an.

Von 1860 bis Ende der 1940er Jahre produzierte die Firma Dörrenberg jedoch im Oelchenshammer einen mehrfach veredelten Spezialstahl, den so genannten Janusstahl, der für dauerhaft scharf bleibende Äxte, Beile und Klingen Verwendung fand. Seit 1875 wirbt bis heute der Januskopf als Markenzeichen für das Unternehmen Dörrenberg in Ründeroth. Der Oelchenshammer ist ein letztes Beispiel des einstigen, blühenden Hammergewerbes dieser Region. Mit Obergraben, Stauteich und Wehren, den beiden Hammergebäuden sowie dem Wohnhaus des Schmiedemeisters ist er heute ein **Industriedenkmal** und **Teil des Rheinischen Industriemuseums Engelskirchen**. An den so genannten Heißschmiedetagen, die mehrmals in der Saison stattfinden, können Besucher dem Schmied und seinem Schützjungen über die Schulter schauen. Es ist beeindruckend, die **Kraft des Wassers** regelrecht zu **spüren**, wenn es auf das hölzerne Wasserrad stürzt und über eine schwere, eicherne, mit Nocken versehene Welle den Hammer antreibt, sodass der Boden

Beim Auf- und Abschlagfest wird heiß geschmiedet.

Die evangelische Kirche wurde aus heimischen Grauwackebruchsteinen erbaut.

erbebt. Feucht, laut und rauchig ist es an solchen Tagen auch heute noch im Hammergebäude, einstige Arbeitsbedingungen, die alles andere als romantisch waren.

Der Museumswanderweg folgt nun der Leppe flussabwärts.
6 Rechts unterhalb des Weges befanden sich einst die beiden **Bleierzgruben Madonna und Neumoresnet**, die im 19. Jahrhundert durch eine belgische Gesellschaft betrieben wurden, deren Schachtanlagen aber nicht mehr sichtbar sind.

Nachdem wir die Schnellstraße unterquert haben, liegt in Blumenau rechts ein bewachsener Damm, hinter dem der große Stauteich
7 des ehemaligen **Strenger Hammers** verborgen ist, ein **Eisenhammer** aus dem 18. Jahrhundert, der bis in die 1930er Jahre in Betrieb war.

Ungefähr 250 Meter gehen wir nun an der Leppetalstraße entlang, bis wir sie an der Tankstelle nach links verlassen können. Hinter den Tennisplätzen sind Reste der wassertechnischen Anlagen des **Lepper**
8 **Hammers** zu entdecken, mit Wehranlage, Einlaufgraben für das Wasserrad und Reste der Schützführung. Auch dieser Hammer war ein Eisenhammer aus dem 18. Jahrhundert, die Wasserkraft wurde aber ab 1926 von einer Spiralbohrerfirma genutzt. Heute gehört dieser Standort zur **Spiralbohrerfirma Koch**.

Die Ausschilderung führt uns weiter, an einem **Kinderspielplatz** vorbei, ins Zentrum von Engelskirchen. Gegen Ende des Zweiten Weltkriegs war dieser historische, im Wesentlichen aus Fachwerkhäusern bestehende Ort durch schwere Luftangriffe zerstört worden. Der Wiederaufbau erfolgte nach Plänen des **Kölner Architekten Wilhelm Riphahn**. Wir gehen die Märkische Straße nach links.

Auf der rechten Straßenseite erhebt sich die 1866 eingeweihte
9 **evangelische Kirche**. Den Bau dieser Gebäudegruppe von Kirche, **Pfarrhaus und ehemaliger Schule** im katholischen Engelskirchen hat damals die evangelische Unternehmerfamilie Engels betrieben. Hinter den Bahnschienen erreichen wir wieder den Ausgangspunkt der Wanderung, das Rheinische Industriemuseum Engelskirchen.

4

Aggertalhöhle
Im Krümmel / 51766 Engelskirchen
Tel.: 02263-83137 / Fax: 02263-1610

Geöffnet: 15.März-1.Nov. Do-So und an Feiertagen 10-17 Uhr
Sonderführungen mit musikalischem Ausklang bis 15.Oktober
So 14.00 Uhr / 15.15 Uhr / 16.30 Uhr

Eintritt:
Erwachsene 2,50 E / Kinder, Schüler, Studenten 1,50 E
Klassen 1,20 E pro Person / Gruppe ab 10 Personen 2 E pro Person
Terminvereinbarungen für Gruppenführungen:
Tel.: 02263-70702 (Anrufbeantworter) oder
E-Mail: info@aggertalhoehle.de

Museum Achse, Rad und Wagen in Wiehl

Scheibenrad, Prinzenkutsche und ABS

Das Museum „Achse, Rad und Wagen" ist eine Besonderheit unter den Museen, die wir in diesem Buch vorstellen. Es ist das Werksmuseum der BPW Bergische Achsen Kommanditgesellschaft in Wiehl und zeigt neben der Firmengeschichte die Kultur- und Technikgeschichte des Wagens von der Jungsteinzeit bis zur Kutschenära: Archäologische Zeugnisse des Fahrzeugbaus, Modelle und Originale von Rädern und Achsen aus unterschiedlichen Epochen, Kutschen und Ackerwagen, Werkzeuge und Maschinen werden hier präsentiert, ebenso wie Beispiele für die Entwicklung der BPW-Achsen in den letzten 100 Jahren – all das ist nicht nur für Technikfreaks eine spannende Sache. Außerdem kann man in den historischen Werkstätten auch einem Stellmacher, Sattler und Schmied bei der Arbeit zuschauen. Eine Wanderung führt zum Wildgehege mit Wald- und Naturlehrpfad, zur Wiehler Tropfsteinhöhle, durchs Stadtzentrum mit Freizeitpark und vielen Einkehrmöglichkeiten zurück zum Museum.

Um 1890 war die englische Dampfdruckspritze ein modernes Feuerwehrfahrzeug.

Kurzinfo

Museum Achse, Rad und Wagen
BPW Bergische Achsen Kommanditgesellschaft
Ohlerhammer
51674 Wiehl
Tel.: 02262-781280

Öffnungszeiten: Ganzjährig samstags von 14.30-17.30 Uhr

Eintritt frei

Führungen: Täglich kostenlose Gruppenführungen nach Vereinbarung

Alljährliche Veranstaltungen:
Handwerksvorführungen im Mai und im September
jeden Sa und So 14.30-17.30 Uhr

Infos der Stadt Wiehl / Touristinformation
Tel.: 02262-99195
Fax: 02262-99185
E-Mail: touristinfo@wiehl.de

Anfahrt mit Bahn und Bus:
Vom Kölner Hbf mit der Regionalbahn 25 bis Gummersbach-Dieringhausen fahren, dann mit der Buslinie 302 Richtung Wiehl bis zur Haltestelle Achsenfabrik

Anfahrt mit dem Auto:
Die Autobahn A4 bis Ausfahrt Gummersbach/Wiehl fahren, in Wiehl der Ausschilderung Zentrum/Wiehlpark, dann Wiehltalhalle und BPW Achsenfabrik folgen.

An einem alten Hammerstandort wurde 1898 die **Bergische Patentachsenfabrik Wiehl** gegründet. 1901 trat Gustav Kotz in das Unternehmen ein, und bis heute ist es im Besitz der Familie Kotz. Vor über 100 Jahren wurden hier einfache Wagen- und Karrenachsen hergestellt, heute gehört die Bergische Achsen KG zu den Großen der Branche und produziert weltweit Achsen für PKW- und LKW-Anhänger, Wohnwagen und Agraranhänger. Das werkseigene Museum **Achse, Rad und Wagen** besteht seit 1952, und seit dem **100-jährigen Firmenjubiläum** präsentiert es sich auf einer Ausstellungsfläche von über 3.000 m² mit neu eingerichteter Sattlerei, Stellmacherei und Schmiede, in denen man die jeweiligen Handwerker hautnah bei der Arbeit erleben kann.

Die Kopie eines römischen Meilensteins ziert den Eingang des Museums.

Die von alten Baumbeständen und gepflegten Grünanlagen umgebenen Fachwerkbauten des Museums grenzen an die Produktionsgebäude der BPW. Das Tor führt uns in einen **Innenhof**. Um einen mit alten Eichen bestandenen Platz gruppieren sich mehrere eingeschossige Gebäude: Remisen, in denen unterschiedliche Fahrzeuge ausgestellt sind, und die Gebäude in denen die Schmiede, Stellmacherei und Sattlerei sowie weitere Ausstellungsflächen des Museums untergebracht sind. All das werden wir im Verlauf des Rundgangs erkunden.

Rechts und links vom Eingang erwarten uns in der **Kutschenremise** elf Originalkutschen. Vergleichbar mit den Autos heutzutage waren die Kutschen früher gleichermaßen Verkehrsmittel und Statussymbol. Direkt rechts steht die schwarz-gelbe **Mail Coach**, die um 1900 von der Hof-Wagenfabrik ED. Kühlstein Berlin hergestellt wurde. Dieser **Gesellschaftswagen** konnte bis zu 15 Personen befördern und soll 1900 auf der Weltausstellung gezeigt worden sein. Die Kutsche war für Ausflüge gedacht, bei denen der Besitzer in der Regel selbst kutschierte, und wurde daher auch als Selbstfahrer bezeichnet. In dem von fünf (!) Pferden gezogenen Wagen ist umfangreicher **Stauraum für Picknick und Proviant** vorhanden. Unter dem Kutschbock befindet sich ein Kühlfach, in dem Stangeneis die Vorräte kühlte.

Ein ebenfalls um 1900 entstandener **Korbwagen** wurde wahlweise für den Lasten- und Personentransport benutzt. Die an Lederriemen aufgehängten Sitze konnten mit wenigen Handgriffen ausgebaut werden. Die Seitenwände sind aus Korbgeflecht hergestellt, wodurch das Gewicht des Wagens reduziert ist.

Noch viele weitere Kutschen wie das **Coupé Clarence**, das wie der **Landauer** um 1880 entstand, sowie die um 1900 gebaute **Viktoria** sind hier im Original zu bewundern. Die Exponate zeigen auch, wie durch die **Weiterentwicklung der Federung** das Reisen immer komfortabler wurde. Hingen die Wagenkästen im 14. Jahrhundert noch mit Lederriemen an Haltestangen, so waren Ende des 18. Jahrhunderts Eisenfedern in Gebrauch, s- oder c-förmig gebogen. Anfang des 19. Jahrhunderts setzten sich schließlich Druck- und Vollelliptikfedern durch.

oben: Eine unter den vielen Kutschen ist diese Mail Coach.

unten: Viktoria um 1900

Dem Eingang gegenüber liegt das Haupthaus des Museums, das wir als nächstes erkunden. Der erste Ausstellungsbereich ist **Modell- und Ponywagen des 17. bis 20. Jahrhunderts** gewidmet. Besonderer Blickfang ist ein farbenprächtiger, von allen Seiten bemalter **Eselskarren aus Sizilien**, der um 1900 gefertigt wurde. Um die Gestaltung des Wagenbodens bequem ansehen zu können, steht er auf einem Spiegel. Und so kann man Bilder betrachten, die die Eroberung Siziliens durch die Normannen im 11. Jahrhundert und die Vertreibung der Mohammedaner zeigen.

Aber hier ist noch mehr zu sehen: **Modellwagen**, die einst für potentielle Käufer gebaut wurden, oder die **Prinzenkutsche**, die von der Gouvernante oder einer Ziege gezogen wurde. Geradezu als ein

Die Prinzenkutsche möchte jedes Kind am liebsten ausprobieren

Kontrapunkt dazu ist das ausgestellte Rad eines Flugzeugs anzusehen. In Vitrinen stehen **Zinnfiguren**, die **Karossen um 1750** zeigen. Besonders beliebt bei Kindern ist das nahezu 100 Jahre alte Kinderspielzeug – eine Postkutsche mit schweren Kaltblutpferden und kleinen Püppchen –, das hier ebenfalls zu finden ist.

Zwei Wagenmodelle zeigen überraschende Besonderheiten. Ein **mittelalterlicher Planwagen**, um 1150 entstanden, mit Drehschemel-Lenkung und schwenkbarem Langbaum, der ganz ohne Eisenteile konstruiert ist. Und **der chinesische Entfernungsmesskarren**, der um 1050 n. Chr. gebaut wurde. Die Umdrehung der Räder setzte einen Mechanismus in Gang, der jeweils nach 500 Metern einen Trommelschlag auslöste.

Im hinteren Teil dieser Ausstellungsräume kann man der spannenden **Geschichte des Rades** auf die Spur kommen. Als sich vor ca. 5.500 Jahren die ersten Räder drehten, waren es Scheibenräder, die aus einem Holzstück gefertigt waren. Anhand der ausgestellten Exponate lässt sich die Weiterentwicklung über das dreiteilige **Scheibenrad** und das **Strebenrad** zum **Speichenrad** verfolgen.

Bei einer Führung erfährt man auch viel über das handwerkliche Geschick der einstigen Wagenbauer, die durch Neuerungen in der Konstruktion die Haltbarkeit und Belastbarkeit der Räder erhöhten. Und erstaunt kann man feststellen, dass die Urform des Rades, das Scheibenrad, in einigen Ländern auch heute noch genutzt wird.

Scheiben-, Streben- und Speichenrad

Nahezu 3.000 Jahre alt ist dieses Modell eines syrischen Planwagens.

Der Erfindungsreichtum unserer Vorfahren zeigt sich auch in der Gestaltung der Wege über das schwankende Moor, was die **Modelle zweier Bohlenwege** bezeugen. Bei dem ersten handelt es sich um die Rekonstruktion eines Stücks germanischen Bohlenwegs aus der Eisenzeit um 700 v. Chr., der über fast 6,5 km das Ipweger Moor im heutigen Landkreis Wesermarsch überbrückte. Das zweite Modell zeigt das Teilstück eines Bohlenweges im heutigen Landkreis Oldenburg. Ausgeklügelte Holzkonstruktionen ermöglichten (halbwegs) sicheres Fahren auf dem schwankenden Untergrund.

Ein weiteres Thema der Ausstellung ist die kulturelle Bedeutung des Wagens. Dies wird durch archäologische Exponate der Frühgeschichte und Antike verdeutlicht. Bis zu 4.000 Jahre alt sind die Keramik- und Bronzemodelle sowie die **Wagendarstellungen** auf Münzen und Reliefs – von Planwagen bis Streit- und Kultwagen.

Der Wagen spielte in allen Lebensbereichen eine wichtige Rolle, als Transportmittel für Güter und Personen, als Kriegsgerät, Kultgegenstand und Statussymbol, und wenn man es recht bedenkt, hat sich daran bis heute nichts geändert.

Oben unterm Dach des Gebäudes zeugt eine Vielzahl von zum Teil fein kolorierten Druckgrafiken des 16. bis 20. Jahrhunderts von der **Modellvielfalt des Kutschenbaus**: Reisewagen, Galawagen, Stadtkutsche, offene Kutschen für Frühjahr und Sommer, geschlossene Coupés für die ungemütlicheren Jahreszeiten oder der variable Landauer, Pürschwagen mit Gewehrkasten – entsprechend den Wünschen der Auftraggeber fertigten die Fahrzeugbauer **Kutschenmodelle für jeden Anlass**, für jeden Geschmack und für fast jeden Geldbeutel. Selbst ein kaiserlicher Galawagen für den Fall einer Hoftrauer, mit passendem Pferdeschmuck, war im Angebot.

Auch Handwerkszeug ist hier ausgestellt. So wird uns zum Beispiel das **Handwerk des Riemers** vorgestellt, der die oft aufwändig verzierten Galageschirre fertigte. Die Schnallen dazu lieferte der **Gürtler**. Auch die **Werkzeuge des Sattlers** sind zu sehen, der die lederbe-

Der Entwurf eines Reisewagens für den Vater der russischen Zarin Katharina der Großen, Fürst von Anhalt Zerbst, stammt von 1744.

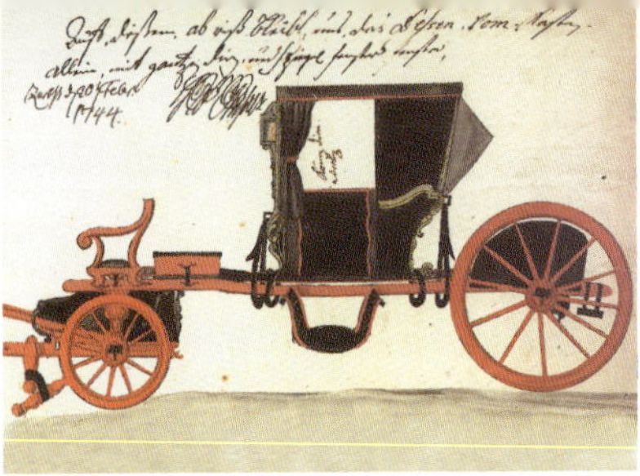

zogenen Kotflügel, die Bockdecken, Sitzpolster sowie die gesamte Innenverkleidung herstellte.

Als Modell kann man hier oben einen ganz besonderen Wagen sehen. Es ist ein **Munitionswagen**, gebaut um 1630, aus dem Dreißigjährigen Krieg.

Im nächsten großen Ausstellungsraum im Erdgeschoss werden **100 Jahre industrielle Achsenfertigung** gezeigt, die Entwicklung von den einfachen Stahlachsen bis zu heutigen High-Tech Modellen. Dabei werden die Anfänge der Fabrik durch den hölzernen **Schwanzhammer** symbolisiert, der hier einst im Einsatz war und von der **Wasserkraft** der Wiehl angetrieben wurde. An einem kleinen Modell kann die Funktionsweise solch eines Hammers nachvollzogen werden. Im Original ist diese Technik noch in Engelskirchen im Oelchenshammer zu erleben (siehe Seite 133). An den Wänden dieses Ausstellungsraumes zeigen große Reproduktionen historischer Bilder, wie die **Arbeit in den ehemaligen Werkshallen** aussah.

Die ersten Produkte der BPW waren so genannte **Schmier- und Patentachsen**. Während die Schmierachsen täglich mit Wagenfett geschmiert werden mussten, hatten die Patentachsen eine Dauerschmierung aus Öl, die nur alle sechs Wochen kontrolliert wurde. Die BPW hatte verschiedene Patentachsen im Programm. Das erste Patent erhielt sie 1905 für die NOKO-Patentachse, wobei NOKO für Nohl und Kotz stand, die damaligen Firmeninhaber.

Seit über 100 Jahre laufen Achsen mit diesem Zeichen.

Viele weitere **Patente** für wichtige Entwicklungsschritte auf dem Gebiet der Achsenfabrikation folgten. In diesem Ausstellungsraum hat man sie nebeneinander zum Vergleich parat. **Kugelverschlussachsen** ohne Gewinde sowie **Gleitlagerachsen**, über den Köpfen schwebend eine Massivachse mit Trommelbremse um 1954 und eine

Lufthammer

Hohlachse von 1961. Unter diesen gezogenen Achsen findet man verschiedene **Triebachsen**, die mittels Kardanwelle von den Motoren angetrieben wurden. Es ist interessant, wie beispielsweise die Weiterentwicklung der Achsen es ermöglichte, dass völlig neue Baumaschinen entwickelt werden konnten. In den 1950er Jahren ging man dazu über, die Baumaschinen anstatt mit Gleitketten nun mit großen Luftreifen zu bestücken. So konnten die Maschinen aus eigener Kraft und kostengünstiger von Baustelle zu Baustelle fahren. Damit die schweren Fahrzeuge im Gelände sehr langsam fahren konnten, fertigte man hier in Wiehl **„Planetengetriebe"**, die in die Radnaben integriert wurden.

Nicht nur für Technik-Insider interessant ist es, in ein Mittelgetriebe hineinzublicken: Einer IT06-6008 **Triebachse** von 1965 hat man ein Segment herausgeschnitten, sodass das **Innenleben einsehbar** ist und der Betrachter das passgenaue Ineinandergreifen aller Bauteile bewundern kann. Im Laufe der Zeit wurden die Achsen der BPW immer komplexer. In den 1970er Jahren wurde die **Luftfederung** eingeführt, in den 1990er Jahren die **Scheibenbremsen**, und das Neuste ist ABS für LKW- und PKW-Anhänger.

Ein rotes Fahrzeug am Ausgang des Raumes führt uns wieder zurück in die Zeit des 19. Jahrhunderts. Eine **englische Dampfdruckspritze** (siehe Seite 136) zieht alle Blicke auf sich. Um 1890 wurde sie als modernes Feuerwehrfahrzeug in Dienst gestellt.

Ein paar Schritte über den Hof befindet sich die **Sattlerei** und daneben die **Stellmacherei**. Nahezu hundert Jahre alte Werkzeuge und Maschinen ermöglichen es den Handwerkern, nach Alt-Väter-Sitte zu arbeiten. An mehreren Tagen im Jahr kann man ihnen hier über

die Schulter schauen und mit eigenen Augen erleben, wie beispielsweise der Stellmacher einst ein Wagenrad herstellte.

In der **Ackerwagenremise** links neben der Stellmacherei sind insgesamt zehn Kastenwagen, Leiterwagen, Kippwagen und mehrere **Oberbergische Rungenwagen** aus der Zeit zwischen 1920 und 1950 ausgestellt. Die Rungen sind die hochstehenden hölzernen Stützen, zwischen die Bretter geschoben wurden. Je nach Herkunftslandschaft unterscheiden sich die Konstruktionen. Die jüngsten dieser Rungenwagen waren schon mit Gummiluftbereifung ausgestattet.

Die BPW produzierte nicht nur große Achsen.

In der **Fuhrwerksremise** rechts neben der Schmiede findet man Roll- und Pritschenwagen aus dem 19. und 20. Jahrhundert. Und auch eine um 1900 erbaute **Handdruckspritze**, die von den Feuerwehrleuten gezogen werden musste. Sie lässt erahnen, wie anstrengend die Bekämpfung eines Brandes zur damaligen Zeit war. Bereits 1517 hatte der Goldschmied Anton Platner in Augsburg ein solches mit Muskelkraft betriebenes **Feuerwehrfahrzeug** entwickelt. Auf dem Lande kamen diese Spritzen noch bis in die 1940er Jahre zum Einsatz. Verdrängt wurden sie schließlich von den **Dampfdruckspritzen**, die wir bereits gesehen haben.

Auch Beispiele moderner Achsen sind hier zu sehen.

Der Stellmacher bei der Arbeit

Daneben stehen noch weitere Besonderheiten. Ein so genannter **Vis-à-vis-Schlitten** war um 1900 im Oberbergischen ein winterliches Beförderungsmittel. Seinen Namen hat er daher, dass die Sitzbänke einander gegenüber lagen. Schlitten fahren auch im Sommer? Mit dem **Oberbergischen Rungenschlitten** ging das. Er wurde daher auch als **Sommerschlitten** bezeichnet. Ganz in der Nähe des Museums, in Oberholzen, nutzte man ihn das ganze Jahr über. Als Ladefläche verwendete man einfache Holzstangen, die zwischen die Rungen gelegt wurden.

Schwerlasttransporter gab es schon Anfang des 20. Jahrhunderts. Wir können hier ein französisches **Lastfuhrwerk** entdecken, das um 1900 ungefedert mit Langbaum, Drehschemel-Lenkung, Schmierachsen und Holzspeichenrädern fuhr. Die Besonderheit ist eine Spannrolle am Fahrzeugheck und an der Anhängerdeichsel.

Letzter großer Anziehungspunkt dieses Museumsrundgangs ist die **Schmiede**. Sie ist mit Werkzeugen und Maschinen des frühen 20. Jahrhunderts ausgestattet, mit Esse, Amboss und Blasebalg, einem Federhammer, zwei Ständerbohrmaschinen sowie einer Biege- und einer Stauchmaschine. An mehreren Tagen im Jahr ist es heiß in der Schmiede, dann bietet das Museum hier, genauso wie in der Stellmacherei und der Sattlerei, die **Vorführung des alten Handwerks** an. Vielleicht haben Sie ja das Glück und können einen handgeschmiedeten Nagel mit nach Hause nehmen.

Der Schmied erläutert gerne seine Arbeit.

Hinter der Schmiede schließt sich die Kutschenremise an, die wir schon zu Beginn durchstöbert hatten. Mit den vielen neuen Informationen, die wir inzwischen erhalten haben, reizt es aber, die Kutschen jetzt noch einmal genauer anzuschauen.

Rundgang durch Wiehl und Umgebung

Im Sommer führt kein Weg am Freibad vorbei.

Da das Museum nur nachmittags geöffnet hat, empfiehlt es sich, den ca. 8 km langen Rundgang durch Wiehl und Umgebung an den Anfang des Ausflugs zu setzen.

Vom Museum gehen wir die Hauptstraße Richtung Zentrum und dann die Mühlenstraße nach links, überqueren die Wiehl und kurz
1 2 hinter dem solarbeheizten **Wiehler Freibad** und der **Eissporthalle** auch die Eisenbahnlinie. Der Wanderwegemarkierung mit dem querliegenden Balken folgend, heißt die Straße, die uns nach links führt, „Zur Zäuner Hardt". Wir folgen der Markierung weiter, einmal rechts und dann links in die Neuwiehler Straße, auf der wir die Umgehungsstraße unterqueren. Die nächste Straße rechts, dann wieder links führt uns der Querbalken am Waldrand entlang, bis wir im Wald auf den Wanderweg A1 stoßen.

Nach rechts führt er uns
3 direkt in den **Wildpark**. In einem großen Areal können hier in verschiedenen Wildgehegen Rot-, Sika-, Dam-, Muffel- und Schwarzwild beobachtet werden. Beim Rotwild treffen wir auf den
4 **Wald- und Naturlehrpfad**, dem wir nach links folgen.

Hier sind die „wilden" Tiere ganz nah.

Schilder entlang des Lehrpfades geben Informationen über die Natur-, aber auch über Kulturgeschichte. Denn es werden nicht nur die Baum- und Straucharten mit ihren botanischen Merkmalen dargestellt, sondern zugleich Anmerkungen zu Legenden und Mythen gemacht, die schon zu Zeiten der Kelten und Germanen um die entsprechenden Pflanzen kreisten. Wussten Sie, dass eine Göttin, nämlich Frau Holle, auf die auch die spätere Märchenfigur zurückgeht, dem Holunderbusch seinen Namen gab? Die Germanen glaubten, sie wohne als beschützender Hausgeist in diesem Strauch.

In der bizarren Welt der Tropfsteine ist es auch im Sommer kalt.

Der Lehrpfad führt uns zu einer **Blockhütte**. Mit Texten und Bildern werden hier Themen wie „Waldbewirtschaftung früher und heute", „Wohlfahrtswirkung des Waldes" und „Ursachen und Auswirkungen des Waldsterbens" erklärt. In unmittelbarer Nähe liegt die **Wiehler Tropfsteinhöhle**, die um 1860 bei Sprengungen entdeckt und seit 1927 für Besichtigungen freigegeben ist.

5

6

26 Stufen geht es hinunter in die **Welt der Tropfsteine**, der von unten nach oben wachsenden, etwas plump wirkenden **Stalagmiten**, und der meist schlanken herabhängenden **Stalaktiten**. Sie entstehen durch Ablagerungen der im Wasser gelösten Kalkpartikel und benötigen ca. 10 Jahre, um einen Millimeter zu wachsen. Dicke Kaskaden, Pfeiler, Säulen und andere bizarre Gebilde voller glitzernder und leuchtender Farbvielfalt von weiß glänzend bis leuchtend rot erwarten die Besucher. Von dem verzweigten Höhlensystem sind 600 Meter begehbar. Bei einer gleichbleibenden **Temperatur von nur etwa 8 Grad Celsius** sollte man auch im Sommer **eine warme Jacke nicht vergessen!** Nach diesem Spaziergang durch die Unterwelt des Pfaffenbergs, der vor über 350 Millionen Jahren als Korallenriff entstand, mag sich so manch einer im angrenzenden Waldhotel erst einmal stärken.

Vor der Tropfsteinhöhle liegt die Haltestelle der **historischen Postkutsche**. Nach Voranmeldung kann man eine Fahrt zwischen Wiehl 7

Die historische Postkutsche ist ein Nachbau der kaiserlichen Post von 1871.

und Nümbrecht im Zockeltrab erleben. Für den weiteren Weg von der Blockhütte nach Wiehl dient die große Wanderkarte, die dort steht, als Orientierungshilfe. Wir folgen nun einfach dem Wanderweg X11 bis hinunter zur Bahnlinie, die wir an uns schon bekannter Stelle überqueren.

Um von dem einladenden Städtchen **Wiehl**, das **1131 erstmals erwähnt** wurde und **seit 1971 die Stadtrechte** besitzt, etwas mehr zu
8 sehen, gehen wir hinter der Bahnlinie nach links bis zum **Bahnhof**. Nachdem hier jahrelang kein Zug mehr gefahren war, ist die Strecke Wiehl-Dieringhausen 1999 wieder aktiviert worden, vorerst jedoch nur mit Sonderfahrten für Touristen. Die Bahnhofstraße führt zur Hauptstraße. Dabei überquert sie die Wiehl.

9 An der Brücke bilden Treppen einen Zugang zum **Wiehlpark**, dem Freizeitpark der Stadt, der u.a. mit Abenteuerspielplatz, Minigolfanlage, Basketball- und Beachvolleyballanlage sowie einem Naturerlebnispark für Jung und Alt einiges zu bieten hat. Im Zentrum des Städtchens laden Restaurants, Cafés und Eisdiele zu einer Rast ein. Alljährlich im Mai lockt Wiehl viele Musikfreunde zu den **Internationalen Wiehler Jazztagen**. Zurück zum Museum Achse, Rad und Wagen gelangen wir wieder über die Hauptstraße.

Tipp: Einen anderen Aspekt der Verkehrsgeschichte zeigt das **Eisenbahnmuseum in Gummersbach-Dieringhausen**. Hier können u.a. Dampfloks in dem historischen Ringlokschuppen, eine Drehscheibe, Bekohlungsanlagen sowie Schienenbusse, zum Teil in Funktion, bestaunt werden. Samstags arbeiten die Vereinsmitglieder an den Restaurierungen. Zuschauen erlaubt.

Verschieferte Fachwerkhäuser und die evangelische Kirche mit dem Turm aus dem 12. Jahrhundert

1 **Solarbeheiztes Freibad Wiehl**
Geöffnet: Mai-August: Mo-Fr 11-20 Uhr, Sa, So + Feiertage 8-20 Uhr
Tel.: 02262-99295 oder 02262-97722

2 **Eissporthalle Wiehl**
Tel.: 02262-97722 und 02262-980807

6 **Waldhotel Hartmann**
Tropfsteinhöhle / 51674 Wiehl
Tel.: 02262-7920 / Fax: 02262-93400
www.waldhotel-hartmann.de

7 **Historische Postkutsche**
Fahrtage: April-Sept. Fr, Sa, So
Infos und Anmeldung: Tourist-Information: Tel.: 02262-99195 / Fax: 02262-99185
E-Mail: touristinfo@wiehl.de

Internationale Wiehler Jazztage
Info-Tel.: 02262-99195

Wiehltalbahn
Infos über Sonderfahrten: Tel.: 02291-800590

Eisenbahnmuseum Gummersbach-Dieringhausen
Hohler Straße / Ecke Vollmerhauser Straße
Tel.: 02261-79222
Geöffnet: Sa 10-18 / So 10-17 Uhr und nach Vereinbarung

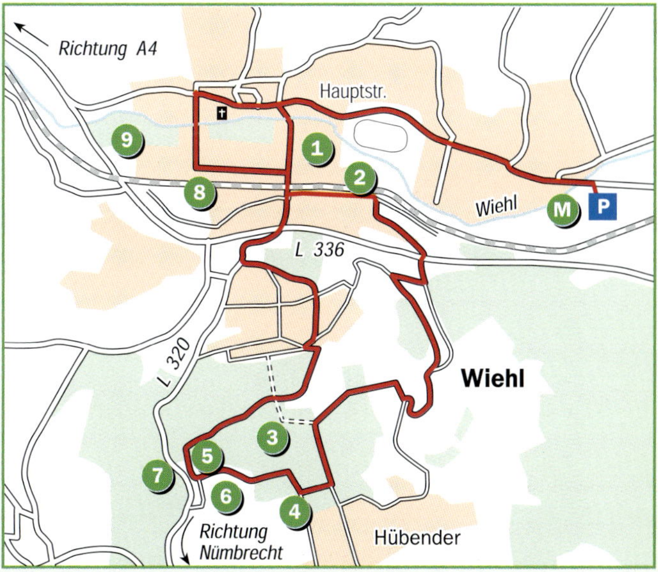

Museum Schloss Homburg in Nümbrecht

Ritterrüstung und Krammetsvögel

Schloss Homburg liegt mitten in einem Waldgebiet auf einem Bergsporn hoch über dem Bröltal. Der einstige Grafensitz beherbergt heute das Museum des Oberbergischen Kreises.
Vom höfischen Leben, den Rittern und der Jagd bis zu den Lebensverhältnissen der oberbergischen Bevölkerung während der Industrialisierung erzählen die ausgestellten Exponate. Versteinerungen, Vogelstimmen und viele Modelle machen Lust, die Informationen anschließend bei einer Wanderung in der Landschaft zu überprüfen.

Die Oberbergische Bevölkerung liebt das heutige Aussehen von ihrem Schloss Homburg.

Kurzinfo

Museum des Oberbergischen Kreises
Schloss Homburg 51588 Nümbrecht
Tel.: 02293-91010 / Fax: 02293-910140
E-Mail: schloss-homburg@obk.de
Internet: www.schloss-homburg.de

Geöffnet:
April-Oktober: Di-Sa 10-17 Uhr / Sonn- und Feiertags 10-18 Uhr
Mühle und Bäckerei geöffnet: Mai-September (außer in den Sommerferien)
Mi 10-16 Uhr, mit Backvorführung
Mai-August alle 14 Tage So 10-18 Uhr, mit Backvorführung

Eintritt:
Erwachsene 2,50 €, Kinder / Jugendliche 1,50 € / Familie 6 €
Gruppen ab 10 Personen ermäßigt: Erwachsene 1,50 €, Kinder 1 €
Museumskasse: Tel.: 02293-910116

Öffentliche kostenlose Führung:
Jeden 1. Sonntag in den Öffnungsmonaten um 11.30 Uhr
Gruppenführungen nach Vereinbarung: 20-35 €, Tel.: 02293-910117

Museumsshop:
Rätselbogen, Rallye und Mühlenquiz je 0,50 €

Service:
Museumspädagogischer Dienst
Kindergeburtstag im Museum Tel.: 02293-910117
Öffentliche Toiletten: Links vom Roten Haus am Fuße der Schlossmauer
und im Kellergeschoss des Hauptturmes

Alljährliche Veranstaltungen:
Am 1. Mai: Mittelalterlicher Burgmarkt
Am 2. Adventwochenende: Historischer Nikolausmarkt im Museum

Info der Gemeinde Nümbrecht:
Kur- und Gästeinformation, Tel.: 02293-909480 / Fax: 02263-909489
E-Mail: info@nuembrecht-online.de
Internet: www.nuembrecht-online.de

Anfahrt mit Bahn und Bus:
Vom Kölner Hbf mit der Regionalbahn 25 bis Gummersbach-Dieringhausen fahren, dann mit der Buslinie 302 Richtung Wiehl, Homburger Straße und einmal umsteigen in die Buslinie 312 bis zum Schloss Homburg.
Weitere Infos unter Tel.: 01803-504030

Anfahrt mit dem Auto:
Die Autobahn A4 bis Ausfahrt Gummersbach / Wiehl fahren, in Wiehl den Hinweisschildern Nümbrecht, Schloss Homburg folgen.

Das Rote Haus wurde einst als Zehntscheuer zur Lagerung von Naturalien erbaut.

Schloss Homburg, 1276 erstmals urkundlich erwähnt, wurde im 17. Jahrhundert unter der Herrschaft der Grafen von Sayn-Wittgenstein zu einem Schloss ausgebaut. Mitte des 18. Jahrhunderts fiel der Besitz an die Linie Sayn-Wittgenstein-Berleburg, die das Schloss jedoch nicht mehr als Wohnsitz nutzte. Es verfiel im 19. Jahrhundert. Die Ruine wurde schließlich von der Bevölkerung als „Steinbruch" genutzt, und in den Grundmauern ihrer Häuser finden sich noch viele behauene Steine der Schlossmauern wieder. Die letzten vorhandenen Gebäude wurden Anfang des 20. Jahrhunderts gesichert und 1926 in ihnen das damalige **Oberbergische Heimatmuseum** eingerichtet.

Am Parkplatz unterhalb des Schlosses befindet sich ein **Stauteich**, an dem eine **Wassermühle** liegt. Allerdings ist hier oben auf dem Berg nicht ihr historischer Standort, fließt doch die Bröl am Fuße des Schlossbergs. Sie stand einst einige Kilometer flussaufwärts in Gaderoth und wurde hierher transloziert, d.h. dort sorgfältig abgetragen und hier mit ebenso großer Sorgfalt wieder aufgebaut. Die Wasserkraft wird hier zum Betreiben eines **Sägewerks** sowie einer **Getreidemühle** genutzt. Daneben wurde eine historische Bäckerei und Konditorei aufgebaut, vor der ein transportabler Hausbackofen steht. An einigen Tagen im Monat können diese Einrichtungen in Aktion erlebt werden.

Am Weg zum Schloss liegt rechts das **Rote Haus**. Seit 1994 dient es als **Naturschutz- und Informationszentrum** und ist Sitz der **Biologischen Station Oberberg e.V.** Die Holzbänke an dem blumengesäumten Weg dorthin laden zu einer Rast ein, bietet sich dem Besucher doch von hier ein wunderschöner Blick auf die gelben Gemäuer von Schloss Homburg. Rechts vor dem Roten Haus wurde in Fachwerkbauweise ein **„Insektenhotel"** aufgebaut, das entsprechend den Vorlieben der unterschiedlichen Insekten verschiedene Materialien als Behausung oder Ort zum Eier ablegen anbietet. Solitärbienen und -wespen, Käfer und Spinnen haben dieses Angebot schon angenommen.

Holz, Ziegelstein, Lehm und markhaltige oder hohle Pflanzenstengel hält das Insektenhotel bereit.

Der Hauptweg führt uns weiter. Das **Burgtor** wurde aus hiesiger Grauwacke gemauert. In den dahinter liegenden Nebengebäuden befinden sich ein **Kiosk** und die **Kasse**. Hier kann man auch aus Pappe gefertigte Kopfbedeckungen erwerben, die **Kinder in Burgfräulein oder Ritter verwandeln**.

Durch ein weiteres Tor geht es auf einem ausgetretenen Weg weiter bergauf, an den **Resten der Befestigungsanlage**, dem Kanzleiturm, vorbei zum gelbgetünchten **Forsthaus**, dem Museumseingang. Oftmals wird man hier von den schrillen Tönen des Pfaus empfangen, der stolz umherspaziert. Im Forsthaus befindet sich eine **naturkundliche Ausstellung** mit dem Titel „Naturnutz – Naturschutz" sowie die **Vogelkundliche Sammlung**. Ein für Groß und Klein gleichermaßen spannender Rundgang erwartet die Besucher. Erstes Thema ist die erdgeschichtliche Entwicklung dieser Region.

Wie die **Vegetation vor 370 Millionen Jahren** aussah, kann man an versteinerten Wasserpflanzen erkennen, ebenso zeugen eine Unmenge von versteinerten Trilobiten, Schnecken, Korallen und Brachiopoden von dieser Vergangenheit des Oberbergischen. Im nächsten Raum erwartet ein ausgestopftes Wildschwein die Besucher. **Werkzeuge aus der Steinzeit** belegen, dass das Gebiet der Gemeinde Nümbrecht schon während dieser Zeit besiedelt war.

Duisbergia Mirabilis: Diese imposante, mannshohe Pflanze aus dem Mitteldevon wurde in Originalgröße rekonstruiert.

Ein „Waldweg" führt uns weiter in die Eisenzeit. Der Nachbau eines so genannten **Rennofens** veranschaulicht, wie die damaligen Bewohner dieser Region die **Eisenerze zum Schmelzen brachten**, um aus dem gewonnenen Metall Werkzeuge zu schmieden.

Ein großes Modell zeigt, wie das Wasser die Mühlräder und damit auch die Hämmer und Blasebälge in Bewegung setzte.

Per Video kann man sich **auf eine Zeitreise** begeben und erfahren, wie mit der Steinaxt ein Baum gefällt wurde, wie aus einem Rohling ein Faustkeil entstand, wie die oberbergischen Pflastersteinhauer arbeiteten oder wie im Bauernwald Lohe geschält wurde, die man zum Gerben benötigte.

Der **Erzbergbau** ist **im Oberbergischen Land** seit 1167 belegt. Eisen, Blei, Zink und Kupfer wurden hier abgebaut. Auf Knopfdruck rotieren einzelne Mineralerze wie Bleiglanz, Kupferkies, Kupferglanz und Brauneisenstein in einer Vitrine. Karten verdeutlichen, wie viele **Bergwerksstollen** es im Oberbergischen gab. Die letzten, die heute noch existieren, bieten zumeist nur noch den Fledermäusen Unterschlupf. Im Mittelalter hatte sich hier ein **blühendes Eisengewerbe** entwickelt. In den Bachtälern entstanden zahlreiche **Hütten und Hammerwerke**, die aus dem Erz der nahen Gruben Eisen erzeugten und verarbeiteten. Die **Blasebälge und Hämmer** wurden **mit Wasserkraft angetrieben,** sodass die Täler von lautem Getöse erfüllt waren. Von der Bratpfanne bis zur Kanone entstanden Produkte, die in ganz Europa für ihre Qualität bekannt waren.

Die **Steinindustrie** war ein weiterer, wichtiger Industriezweig des Oberbergischen. Bis in die zweite Hälfte des 19. Jahrhunderts hatte der **Grauwackeabbau** nur lokale Bedeutung, obgleich er seit dem 16. Jahrhundert schon gewerblich betrieben wurde. Die Verkehrserschließung durch die Eisenbahn förderte schließlich den industriellen Abbau, da nun große Mengen über weite Strecken transportiert werden konnten. Ende des 19./Anfang des 20. Jahrhunderts wurden große Mengen von **Pflastersteinen aus Grauwacke**, dem harten Sedimentgestein aus Meeresablagerungen des Devon (vor 350-400 Millionen Jahren), an Rhein und Ruhr transportiert, wo sie **für den Straßenbau** verwendet wurden.

In den nächsten Räumen auf unserem Rundgang erfahren wir, wie die sich verändernden landwirtschaftlichen Produktionsweisen die Landschaft und damit auch die Lebensräume der Tiere und Pflanzen verändern. Dabei werden vor allem die **Lebensräume Dorf und Stadt,**

Mit dem Finger auf der Landkarte kann man das Homburger Ländchen begreifen.

Wald, Feld und Wiese, Flüsse und Seen betrachtet.

Die Vögel werden ganz besonders unter die Lupe genommen. So unterschiedlich die Eier sind, so verschieden ist auch ihr **Brutverhalten**: ob Freibrüter, Höhlenbrüter oder Bodenbrüter, alle werden in dieser Ausstellung vorgestellt. An einer großen Wandtafel sind die **Wege der Zugvögel** eingezeichnet, und auf Knopfdruck erfährt man, auf welcher Route beispielsweise der Storch sein Winterquartier in Afrika erreicht. Im nächsten Raum empfangen uns Vogelstimmen. **Wie gut kennen Sie die Vögel?** Hier sind Sie gefordert und können Ihr Votum abgeben, zu welchem Vogel der Gesang gehört.

Wir verlassen das Forsthaus und gehen auf historischer, sehr knubbeliger Pflasterung **hinauf zum Schloss**, vorbei an dem schmiedeeisernen Tor, das links in den kleinen **Schlossgarten** führt. Im Schloss empfängt uns ein imposantes Treppenhaus mit einer barocken Holztreppe. Auf einem roten Teppich steigen wir hinauf in den ersten Stock, wo **der Rundgang beginnt**. Das Thema des ersten Raumes ist die **Territorialgeschichte**.

Eine **Vergrößerung der Mercatorkarte** des Homburger Ländchens aus dem Jahr 1575, die den Fußboden bedeckt, zieht alle Blicke auf sich. Selbst Einheimische haben manchmal Probleme, sich auf ihr zu orientieren, da sie nicht genordet ist wie die meisten heutigen Karten. Das zweite Thema ist hier die Kirchengeschichte und die Christianisierung der Region seit dem 9. Jahrhundert.

Im nächsten Raum erfährt man einiges über die **Baugeschichte von Schloss Homburg**. In sechs Schritten wird die Entwicklung der Anlage von 1250 bis 1750 vorgestellt. Elf Türmchen hatte sie bei ihrer größten Ausdehnung. Von all dem sind bis heute nur noch Fragmente übrig geblieben. **Videosequenzen** zeigen Impressionen vom heutigen Schloss und seiner Umgebung. Die **Rüstkammer** nebenan ist ein ganz besonderer Anziehungspunkt für Jung und Alt. Hier kann

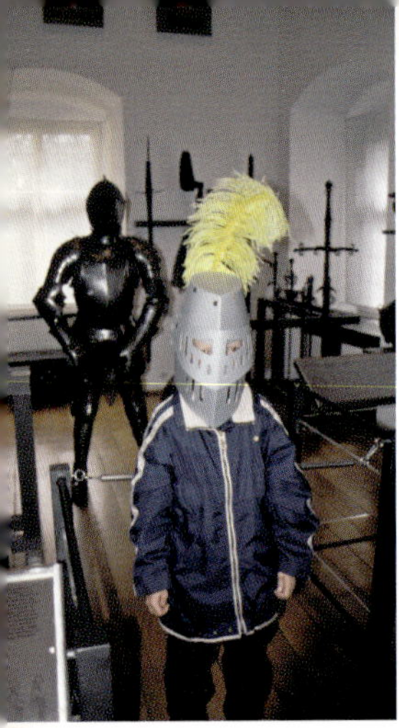

man Langwaffen, Stangenwaffen, Feuerwaffen, **Ritterrüstung** und eine ca. 30 kg schwere Hakenbüchse, die vor fast 600 Jahren die Verteidigung unterstützte, bewundern.

Die **Jagd als adeliges Freizeitvergnügen** und die unterschiedlichen Jagdformen des 17. und 18. Jahrhunderts sind die Themen des nächsten Raumes, in dem vier Geweihe ein ganz besonderer Blickfang sind. Links zeigt ein Bild **„das umstellte Jagen"** des 17. und 18. Jahrhunderts, bei dem das Wild, manchmal zu Tausenden, den Jägern zugetrieben wurde. Nebenbei erfährt man hier auch, woher die Redewendung kommt, es ist ihm **etwas durch die Lappen gegangen**. Die **Hetzjagd**, die Hatz und die Parforcejagd, galt dagegen nur einem Tier, zumeist dem Hirsch. Der Jagdherr suchte ein Tier aus, das dann gehetzt wurde. Hier sind Jagdbüchsen, Armbrust, Hirschfänger und Bärenfallen, die zur Jagd benutzt wurden, ausgestellt, sowie **Parforcehörner**, die zur Verständigung der Jäger untereinander dienten. Für jede Situation der Jagd gab es ein entsprechendes Hornsignal. Das bekannte **Halali** erklang, wenn der Jagdherr dem zusammengebrochenen Tier den Fangstoß gegeben hatte.

Das Schloss aus dem Blickwinkel eines Ritters erkunden – den Visierhelm gibt es an der Museumskasse.

Die Kunst der **Falkenjagd**, die so genannte **Beizjagd** und der **Vogelfang** sind weitere Jagdarten, die hier vorgestellt werden. Auch letztere war im Oberbergischen üblich! Im 17. und 18. Jahrhundert war der Vogelfang ein Privileg des Landesherrn, der die herrschaftlichen Vogelherde an seine Untertanen verpachtete. Das Fangen der Wacholderdrossel, Krammetsvogel genannt, war oft die einzige Jagdmöglichkeit für das einfache Volk.

Gemälde oberbergischer Malerinnen säumen den Weg in den zweiten Stock. Der folgende Raum ist der **Napoleonischen Zeit** in der Region gewidmet. Unter welch erbärmlichen Bedingungen die Landbevölkerung lebte, wird hier unter anderem durch eine Hörprobe aus dem Jugendbuch „Für Fremde, Kaiser und kein Vaterland" verdeutlicht: Gerard Rörich erzählt, wie er als Tagelöhner, Schleichhändler und Rebell während der napoleonischen Zeit ums nackte Überleben

Jagdgeräte und unterschiedliche Formen der Jagd werden in dem neu gestalteten Saal vorgestellt.

kämpft. Die Landvermessung, die unter Napoleon statt gefunden hat, wird hier ebenfalls dokumentiert, genauso wie die **Uniformen der Franzosen** mit ihren Säbeln. Das **bürgerliche Leben im Biedermeier** (1815-1848), das sich durch den Rückzug in die Häuslichkeit ausdrückte, wird im nächsten Raum durch hervorragende Möbelstücke veranschaulicht.

Anschließend geht es um die **Entwicklung zum Industriezeitalter**. 1871 wurde der Preußische König zu Kaiser Wilhelm I. gekrönt. Die ersten Jahre nach der Reichsgründung, die so genannten **Gründerjahre**, bescherten dem Land einen starken wirtschaftlichen Aufschwung. Der **Ausbau der Industrie und des Verkehrsnetzes** wurden dadurch in unvorstellbarem Maße beschleunigt. Seit 1862 dampfte die **Bröltalbahn**, aus dem Aggertal kommend, am Fuße des Schlossbergs vorbei nach Waldbröl. Sie war **Deutschlands erste dampfbetriebene Schmalspurbahn**. Mehrere Videosequenzen zeigen historische Filmdokumente der Eisenbahn.

Um 1900 boomte im Oberbergischen die **Textilindustrie**. Neue Firmen siedelten sich an, oftmals an den alten Hammerstandorten. Der Besucher erfährt, wie sich das Leben der Landbevölkerung dadurch veränderte. Immer mehr **Bauern wurden zu Fabrikarbeitern**, deren Arbeitsplatz oftmals weit von der Wohnung entfernt war. Frauen und Mädchen wurden zu Lohnarbeiterinnen, waren sie doch nach dem Verbot der Kinderarbeit 1853 die billigsten Arbeitskräfte.

Im runden Turmzimmer des Schlosses wird das **Leben der Kinder zur Kaiserzeit** beleuchtet. Im Gegensatz zu heute fand man die Brettspiele, Puppenstuben und Holzspiele, die hier gezeigt werden, aber wohl nur in den Kinderzimmern der Fabrikantenvillen und wohlhabenden Bürgerhäuser. Alte **Kinderspiele** können übrigens im Rahmen der Kinderprogramme des Museums ausprobiert werden. Das Spiel „Zeck opp dn Bock" ist im Turmzimmer genau beschrieben.

Der Aufstieg auf den Turm ermöglicht einen wunderschönen Blick über das Homburger Ländchen.

Unser Gang durch das Schloss führt nun die steinerne Wendeltreppe **hinauf auf den Turm**, den **Bergfried**. Belohnt wird dieser Aufstieg durch einen wunderschönen **Rundblick** über die Täler und Berge des Homburger Ländchens. Beim Abstieg erreicht man einen Raum, der dem **Holzhandwerk** gewidmet ist, vom Zimmermann, Wagner, Holzschuhmacher, Drechsler bis zum Schreiner. Auch Standuhren, die das Bergische Land im 18. Jahrhundert zu einem der wichtigsten Uhrmacherzentren in Deutschland machten, sind hier zu sehen.

Der nächste Raum, ein paar Stufen tiefer, ist dem **Textilgewerbe im Bergischen** gewidmet. Eines der Themen ist die **Herstellung von Leinenstoff**, die früher Teil der Selbstversorgung auf dem Lande war: von der Pflanze über das Riffeln, Brechen, Schwingen, Hecheln, Spinnen, Haspeln bis zum Garn und schließlich zum Stoff. Auch der aufwändige **Blaudruck wird hier erklärt**. Eine farbabweisende Masse, der Papp, wird mit Modeln in feinen Mustern auf das Leinen gedruckt. Nach dem Trocknen, der Blaufärbung des Stoffes und dem Entfernen des Papps leuchtet schließlich das weiße Muster auf blauem Grund. Nebenan befindet sich die **Schlossküche** mit dem riesigen Rauchfang. Wenn man Glück hat, prasselt das Feuer und man kann vielleicht nachvollziehen, was es heißt, wenn gesagt wird: **„Leg doch einen Zahn zu."**

Wer das **Schlossgespenst** sehen will, sollte sich spätestens jetzt auf die Suche machen und neben der Feuerstelle hinuntergehen in modrige Kühle...

Der Raum neben der Schlossküche informiert über das Thema **Vorratshaltung**. Für das Anlegen der Wintervorräte wurde früher Fleisch gepökelt, Obst getrocknet und Gemüse gesäuert. Hier kann man die verschiedensten Geräte, die dazu verwendet wurden, entdecken, vom Butterfass bis zur Schnibbelmaschine zum Zerkleinern der Bohnen. Und wie man all diese Vorräte vor ungebetenen Nagern schützte, zeigen die unterschiedlichen **Mausefallen**.

Wanderung zur Tropfsteinhöhle

Der historische Ortskern von Nümbrecht lädt zum Bummeln ein.

Der Wanderweg X11 führt von Nümbrecht kommend am Schloss vorbei nach Wiehl. Wer das Schloss verlässt und diesen Weg nach rechts geht, kommt nach ca. 2 km nach **Nümbrecht**. Der Ort war im Mittelalter Zentrum eines Gerichtsbezirks. Im 17. und 18. Jahrhundert, als Schloss Homburg ständige Residenz der Grafen war, entstanden im Umfeld der evangelischen Kirche (die Ursprünge des Bauwerks reichen bis ins 11. Jahrhundert zurück), zahlreiche stattliche Wohnhäuser aus Grauwackebruchsteinen und verschiefertem Fachwerk. Noch heute bestimmen diese Gebäude das Bild des inzwischen **denkmalgeschützten Ortskerns**.

Wir wählen jedoch den Weg **X11 nach links** zur ca. 3 km entfernten **Wiehler Tropfsteinhöhle**. Der Wanderweg verläuft durch den Hochwald aus Eichen und Buchen, der das Schloss umgibt und unter Naturschutz steht. In ihm wachsen die selten gewordene Akelei, das Salomonsiegel und die Einbeere.

Auf dem Weg hinunter ins Tal der Bröl machen wir einen kurzen Abstecher nach rechts, wo die **„Dicken Steine"** ausgeschildert sind. Bei ihnen handelt es sich nicht um Findlinge aus der Eiszeit oder gar Meteoriten, wie früher angenommen wurde, sondern um **Quarzit-** 1
Härtlinge aus der Devon-Zeit, Alter: ca. 350 Millionen Jahre. Sie wurden durch Erosion aus dem weicheren Meergestein freigewaschen.

Weiter auf der X11 überqueren wir im Tal vorsichtig die Bröltalstraße (Achtung Autoverkehr!) und durchqueren auf dem Weg zur Holsteinsmühle das **Naturschutzgebiet Brölbach-Aue**. Es erstreckt 2
sich über weite Teile des Tals der Homburger Bröl. Eisvogel und Wasseramsel haben, solange sie nicht gestört werden, hier noch ihren Lebensraum. Kurz vor der Holsteinsmühle wird der Weg von der Trasse der 1966 stillgelegten **Bröltalbahn** gekreuzt. Sie führte aus dem 3

4 Der Mühlteich versorgt auch heute das Mühlrad der Holsteinsmühle mit Wasser.

Aggertal über Homburg nach Waldbröl. Im Bereich der **Holsteinsmühle** stand vor vielen Jahrhunderten die **Ritterburg Holstein**. Teile des Mühlengebäudes sind über 900 Jahre alt. Bis 1969 war sie als Säge- und Getreidemühle des Fürsten Sayn-Wittgenstein-Berleburg in Betrieb.

Im Innern des heutigen **Café-Restaurants Holsteins Mühle** kann man, beispielsweise beim Genuss von Bergischen Waffeln, noch die alten Malwerke und Transmissionen bestaunen.

Am Parkplatz vorbei führt der Weg X11 durch den Wald weiter nach Stockheim. Oberhalb des Ortes hat man eine wunderbare **Aussicht über das Tal**. Wir folgen der Route X11 weiter bis zur Tropfsteinhöhle.

5 Die **Wiehler Tropfsteinhöhle** ist um 1860 bei Sprengungen entdeckt worden. Entstanden ist sie dadurch, dass Wasser den Kalkstein des Pfaffenberges ausgewaschen hat und die gelösten Kalkpartikel sich ablagerten zu imposanten herabhängenden und vom Boden aufwachsenden Tropfsteingebilden (siehe auch S. 147). Von den 1.500 Meter langen Höhlengängen sind 600 Meter begehbar. Winter wie Sommer herrschen hier acht Grad Celsius, also **Jacken nicht vergessen!** Stärken kann man sich danach direkt nebenan auf der Café-Terrasse des Waldhotels.

Tipp: Vor der Tropfsteinhöhle und vor der Holsteinsmühle sind Haltestellen der **Historischen Postkutsche**. Sie verkehrt als Nachbau der kaiserlichen Post um 1871 zwischen Wiehl und Nümbrecht. Infos und Anmeldung bei der Kur- und Gästeinformation Nümbrecht.

Von der Tropfsteinhöhle gehen wir dieses Mal auf demselben Weg zurück, den wir auch gekommen sind – was jedoch nicht langweilt, da der Blickwinkel ein ganz anderer ist.

Adressen in und um Nümbrecht

Café Ley
Hauptstraße 29 / 51588 Nümbrecht / Tel.: 02293-2222

4 **Historische Holsteinsmühle**
Holsteinsmühle / 51588 Nümbrecht / Tel.: 02293-6956 / Fax: 02293-1022

5 **Tropfsteinhöhle Wiehl**
Tel.: 02262-7920
Geöffnet: März-Oktober täglich 9-17 Uhr, letzte Führung 16.30 Uhr, Dauer 30 Min.
November-Februar: Sa und So 11-16 Uhr
Eintritt: Erwachsene 2,50 E / Kinder 2,30 E
Gruppen ab 20 Personen: um 0,20 E pro Person ermäßigt

5 **Waldhotel Hartmann**
51674 Wiehl / Tel.: 02262-7920 / Fax: 02262-93400
Internet: www.waldhotel-hartmann.de
E-Mail: info@waldhotel-hartmann.de

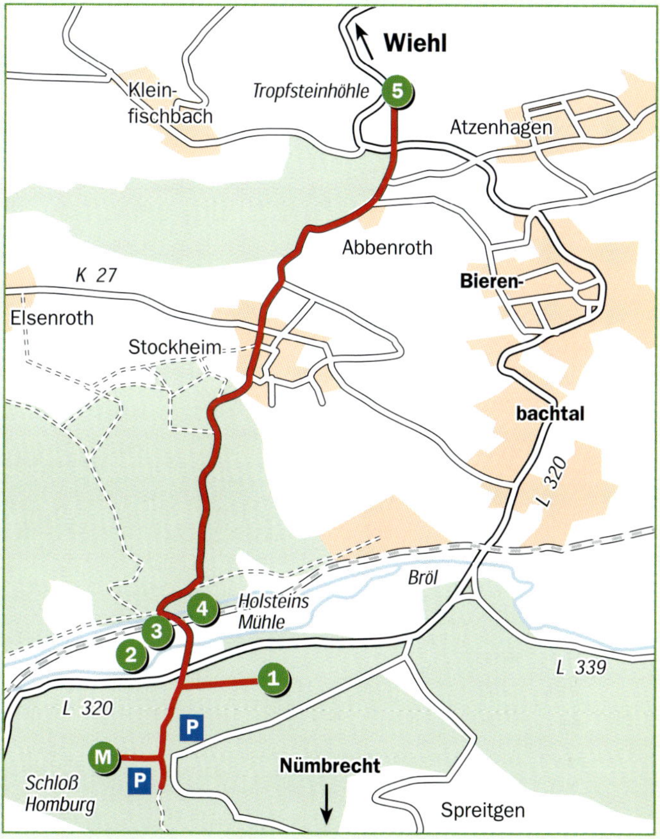

Grube Silberhardt in Windeck

Unter Tage im Besucherbergwerk

Der Besucherstollen der Grube Silberhardt führt uns in die Welt unter Tage, wo wir vieles über das gefahrenvolle Leben der früheren Bergleute erfahren. Wieder am Tageslicht, erkunden wir die vom Bergbau geprägte, waldreiche Gegend auf dem Montan-Wanderweg am Eisenberg.

Schon bevor es in den Stollen geht, erfährt der Besucher Interessantes über die Grube Silberhardt.

Kurzinfo

Besucherstollen Grube Silberhardt und Montanwanderweg
Eisenbergstraße 31 (am Sportplatz Öttershagen)
51570 Windeck-Öttershagen
Internet: www.grube-silberhardt.de

Kontakt, Info und Buchung:
Verkehrsverein Windecker Ländchen e.V.
Rathausstraße 12 / 51570 Windeck
Tel.: 02292-19433 / Fax: 02292-601294
Internet: www.windeck-online.de
E-Mail: wfgwindeckmgh@t-online.de oder carsten.kelter@gemeinde-windeck.de

Geöffnet:
Für Gruppen nach Vereinbarung ganzjährig geöffnet
Einzelbesucher: jedes erstes Wochenende in den Monaten April bis Oktober,
Sa 13-16, So 11-16 Uhr.

Eintritt:
Erwachsene 2,50 €, Kinder 1,50 €,
ab 15 Personen Gruppenpreise: 2 € für Erwachsene und 1 € für Kinder

Service:
Gruppenführungen können auch außerhalb der Öffnungszeiten nach Vereinbarung jederzeit durchgeführt werden.
Bereitstellungspreis für Grube: 10 €, zuzüglich Eintritt 2 € für Erwachsene und 1 € für Kinder
Bereitstellungspreis für einen fachkundigen Führer für Grube und Wanderweg zusammen: 15 €

Anfahrt:
ÖPNV: Ab Köln mit der S-Bahn-Linie S 12 ab Köln Richtung Au/Sieg oder mit dem Siegtal-Express RE 9 Richtung Siegen, Ankunft an den Bahnhöfen Herchen, Dattenfeld, Schladern, Rosbach oder Au. Fahrzeit ca. 1 Stunde.

Tipp: Wandern Sie ab Bahnhof Rosbach durch das landschaftsgeschützte Rosbachtal ca. 4 Kilometer bis unmittelbar an die Grube Silberhardt.
Bus: An Wochentagen mit dem Bus der RVK-Linie 334 vom DB-Bahnhof Rosbach oder Schladern unmittelbar zur Grube, Haltestelle Silberhardt.

Mit dem Auto:
A3 aus Richtung Köln bis Kreuz Bonn/Siegburg, weiter auf der A 560 Richtung Hennef bis zur Ausfahrt Hennef Ost/Eitorf, weiter auf der Siegtalstraße L333 bis Rosbach. Ab Rosbach die K1 bis zum Öttershagener Sportplatz. Fahrzeit ab Köln ca. 1 Stunde. Direkt an der Kreisstraße befinden sich kostenfreie Parkplätze in unmittelbarer Nähe zur Grube.

Der **Besucherstollen der Grube Silberhardt** wurde 1997 im Rahmen einer privaten Initiative **„ehrenamtlicher Bergleute"** geöffnet, deren Mitglieder auch die Besucher in den Stollen begleiten. Bevor es in den Berg geht, werden mit Hilfe alter Fotos aus der Zeit um 1880 sehr anschaulich die ehemalige Bedeutung des Bergwerks als Arbeitsplatz und die Funktion der verbliebenen Gebäude erklärt. An manchen Orten hat der Erzbergbau im Bergischen Land und dem benachbarten Siegerland bereits vor 2.500 Jahren eingesetzt. Hier in Windeck-Öttershagen besteht heute die einzige Möglichkeit, im Bergischen Land noch an Originalplätzen über wie unter Tage die Arbeit des Bergmanns nachzuvollziehen und die Grundzüge der Bergbautechnologie zu verstehen.

Endlich können Besucher auch unter Tage auf den Spuren des historischen Bergbaus im Bergischen Land wandeln.

Vermutlich **schon im Mittelalter**, spätestens aber seit Mitte des 15. Jahrhunderts lässt sich auf der Grube Silberhardt bereits der Bergbau nachweisen. Im Laufe des Dreißigjährigen Krieges kam er zum Erliegen und wurde erst 1752 wieder aufgenommen, hatte aber bis in die ersten Jahrzehnte des 19. Jahrhunderts mit technischen und wirtschaftlichen Problemen zu kämpfen. Erst als ein Verfahren zur Verhüttung von Zink erfunden wurde und die Dampfmaschine sich durchsetzte, rentierte sich hier etwa ab Mitte des 19. Jahrhunderts der Bergbau wieder. Am Ende des Jahrhunderts bot die Grube Silberhardt bis zu 400 Arbeitsplätze. Nach wechselnd intensivem Grubenbetrieb erfolgte 1925 jedoch das Aus für den geregelten Abbau.

Nach dieser Einführung betreten wir den **Oberen Neuen Stollen** aus dem 18. Jahrhundert. Wir erfahren, dass es gar nicht so einfach war, ihn wieder zu öffnen: Weil das Gebirge auf den ersten 25 Metern stark verwittert ist und die Gesteinsschichten instabil waren, benutzten die engagierten Bergbauforscher Leitplanken, die sie abschnittsweise waagerecht in den Berg hineintrieben und im nächsten Arbeitsschritt durch hölzerne Türstöcke unterfangen und abstützen konnten – als **„Vorpfändetechnik"** schon früher bekannt. Der Ausbau erfolgte nach den Sicherheitsauflagen des zuständigen Bergamts, und so finden die Besucher heute künstliche Belüftung, Rauchgasüberwachung, elektrische Beleuchtung mit Notstrombetrieb und eine Telefonanlage vor. Zur „Befahrung", wie es in der Bergmannssprache heißt, erforderliche **Schutzhelme** kann man vor Ort ausleihen. Spezialkleidung hat nur unser Begleiter, er trägt die bergmännische Schutzbekleidung eines Steigers. Ratsam für den Besucher sind feste Schuhe und warme Kleidung, da es im Berg mit etwa 10-12° C ziemlich kühl ist.

Kaum stehen wir nach den ersten 25 Metern in festem Gestein, treffen wir auf **Spuren der alten Bergleute**. Aus der unregelmäßigen Struktur der Seitenwände, der so genannten Stöße, können Fachleute erkennen, dass der Stollen mittels Sprengtechnik hergestellt ist, und man nimmt an, dass hier der ältere und kleinere Stollenquerschnitt im 19. oder 20. Jahrhundert auf diese Weise erweitert wurde; wir können jedenfalls alle aufrecht stehen. Etwas weiter stoßen wir auf **Spuren wirklich harter Bergmannsarbeit**, nämlich die des so genannten **Vortreibens mittels Schlägel und Eisen**, das seine charakteristischen Riffeln an der Wand hinterließ. Pro Mann und Schicht rechnete man je nach Gestein bei dem vorhandenen Querschnitt mit einem Streckenvortrieb von nur 5-15 cm! Kurz darauf können wir erstmals den Oberen Alten Stollen aus dem 15. Jahrhundert sehen.

Bereitwillig beantworten die ehrenamtlichen Bergleute Fragen der Besucher.

Bald kommen wir zu einem **Förderwagen**, wie er um 1920 hier verwendet wurde. Während die früheren Förderwagen komplett von den Schienen genommen und umgedreht werden mussten, um ausgeleert zu werden, besitzt dieses Exemplar bereits eine moderne, aufklappbare Stirnwand. Mittlerweile sind wir etwa 60 Meter weit in den Stollen „eingefahren". An den Wänden sind Überreste von Bohrlöchern, den so genannten **Bohrpfeifen**, zu sehen.

An ihnen erkennt man die Anwendung der **Sprengtechnik mit Schwarzpulver**, die Mitte des 17. Jahrhunderts in allen wichtigen europäischen Bergrevieren eingesetzt wurde. Diese neue Technik erhöhte den Streckenvortrieb pro Mann und Schicht auf rund einen halben Meter. Eine der ersten Pulvermühlen in Deutschland war um 1400 die Anlage eines Kölner Pulvermachers, der aus Sicherheitsgründen seine Mühle aus der Stadt Köln zunächst an die Strunde, später ins Dhünntal verlegte. Im 15. und 16. Jahrhundert hatte das **Bergische Land eine führende Rolle in der deutschen Pulverproduktion** eingenommen. Kriege und gewerbliche Entwicklungen brachten der bergischen Pulverproduktion ab Mitte des 17. Jahrhunderts beständigen Aufschwung. Wenn wir wieder auf den Oberen Alten Stollen treffen, ist die harte und gefährliche Arbeit unter Tage zunehmend besser nachzuvollziehen.

Die Heilige Barbara ist die Schutzheilige der Bergleute – und der Bergwerksbesucher.

In 35 Meter Tiefe unter Tage endet der Besucherstollen nach einem Rechtsknick der Strecke im ehemaligen Abbaubereich unter dem zweiten Lichtloch. Hier können wir drei Generationen von Abbau- und Vortriebstechnik sehen. Eine nachgestellte Szene zeigt einen **Bergarbeiter**, der mit einer **druckluftbetriebenen Bohrmaschine** Sprenglöcher macht. Diese Technik wurde im bergischen Bergbau seit dem Ende des 19. Jahrhunderts angewendet. Zunächst als Arbeitserleichterung gedacht, stellte sich diese Methode allerdings als sehr gesundheitsgefährdend heraus: Durch die große Lautstärke der Maschinen kam es zu **Gehörschäden**, die Vibrationen verursachten **Gelenkschäden**, und die hohe Staubentwicklung verursachte die gefürchtete **Staublunge**, die die Bergleute oft schon mit Mitte 30 zu Invaliden werden ließ und meist einen frühen Tod des Familienvaters und Ernährers bedeutete.

Hier können wir auch die **Abbautechnik des Firstenbaus** nachvollziehen, die sich nach dem Dreißigjährigen Krieg mehr und mehr im Bergbau durchsetzte. Hierbei wurden die Erzlagerstätten von unten nach oben abgebaut, mit Holzbühnen, auf denen das wertlose Gestein abgelagert wurde, arbeitete man sich in den schmalen Gängen in die Höhe. Aus dieser Technik entwickelte sich der moderne Firstenbau mit Bergeversatz, bei dem die ausgeerzten Abbauräume mit Abfallgestein verfüllt wurden. Die Verbindung nach unten und oben erfolgte über kleine Schächte, die so genannten Rollen. Ihrer jeweiligen Funktion entsprechend, unterschied man zum Beispiel zwischen den Sturzrollen und Fahrrollen. Durch die Sturzrollen wurde das Erz aus der Abbaustrecke auf die tiefer liegende Förderstrecke „abgestürzt". Über die Fahrrollen konnten die Bergleute ihren Arbeitsplatz in der Abbaustrecke mittels Leitern erreichen oder verlassen. So eine **Fahrrolle mit Holzausbau** können wir hier ebenfalls sehen, am Ende des Besucherstollens. Die durch die Sturzrolle hinuntergeworfenen Erze wurden vielfach **per Hand** mittels **Kratze und Fülltrog** in Schubkarren, später in Förderwagen auf Schienen **gefüllt**.

Spuren an den Seitenwänden geben Auskunft über Abbautechnik und Alter des Stollens.

Der Rückweg führt durch einen neuen Stollenabschnitt aus dem 20. Jahrhundert. Er schneidet wieder einen kleinen historischen Querschlag an, der die alten Spuren der Steinbearbeitung mit Schlägel und Eisen aufweist. Zur Demonstration historischer Ausbautechnik stützen **Türstöcke aus Eichenholz** die neue Strecke ab. Ursprünglich wurde im Bergbau gerne Nadelholz verwendet, da es durch seine Faserstruktur deutlich hörbar auf Bergbewegungen reagierte und mit seinem Knistern und Knacken die Bergleute oft rechtzeitig vor **drohender Einsturzgefahr** warnte. Die hohe Feuchtigkeit unter Tage verursacht jedoch ein schnelles Wachstum von Mikroorganismen, Sporen und Pilzen auf dem Holz, wie wir verschiedentlich sehen können. Deshalb ist an vielen Stellen inzwischen ein haltbarerer Ausbau mit Stahl gemacht worden. Der letzte Teil der Strecke führt uns im Verlauf des bereits bekannten Stollens ans **Sonnenlicht**.

Rundgang auf dem Montan-Wanderweg

Rund um die Grube Prosa finden sich im Gelände Spuren des früheren Bergbaus.

Der **Montan-Wanderweg** kann bequem in einer knappen Stunde absolviert werden. Ist man jedoch mit einem engagierten Führer unterwegs oder beschäftigt sich selbst etwas intensiver mit der Geländebeobachtung, dann kann die Tour sich leicht auf 2-3 Stunden
1 ausdehnen. Am Wanderparkplatz steht eine **Picknickbank** und eine Wegetafel zur Orientierung für alle, die noch weiter wandern wollen. Auf dem durchgehend markierten, 1,7 Kilometer langen Rundwanderweg wird an 14 Stationen sehr anschaulich die Entwicklung des Bergbaus und der Metallgewinnung in vergangenen Zeiten gezeigt und erklärt. Sowohl Relikte als auch Rekonstruktionen historischer Anlagen wie zum Beispiel Stolleneingänge, Kohlenmeiler oder Rennfeueröfen sind dort zu finden.

Ein schöner Schlussstein mit dem Schlägel und Eisen-Symbol ziert
2 den rekonstruierten Eingang vom **Stollen Prosa**. Mit einer Taschenlampe kann man hinter dem Türgitter erkennen, dass die Stöße und Firste des Stollens, also Wände und Decke, mit Schlägel und Eisen von Hand behauen sind. Die Anlage des Stollens wird auf das 17. oder 18. Jahrhundert datiert. Im Tagebau am Hang oberhalb des Stolleneingangs hatte bereits früher Bergbau stattgefunden, wovon noch Hohlformen im Gelände zeugen, die so genannten Pingen. Auf dem Eisenberg ist wahrscheinlich schon im Mittelalter Brauneisen-

stein abgebaut worden. Die Überreste der **Schachtanlage Grube Eisenberg** aus der letzten Betriebsperiode ab etwa 1920 bestehen aus Mauern und Fundamentresten, die scheinbar beziehungslos im Wald liegen. Zur Anlage gehörten ein Zechenhaus, ein Kesselhaus zur Dampferzeugung und ein Maschinenhaus mit Dampfmaschine, Seiltrommeln und Förderstand zur Schachtförderung, durch dessen Fundamente wir spazieren können. Über dem 220 Meter tiefen Schacht, der jetzt mit einem massiven Beton-Deckel versehen ist, erhob sich damals ein hölzernes Fördergerüst. Das geförderte Erz wurde neben der Schachtanlage sortiert. Nur wenige Schritte weiter befindet sich der **Schrägaufzug am Bremsberg**, der es ins Rosbachtal transportierte. 3 4

Der 200 Meter tiefe Schacht ist nicht verfüllt, aber mit einer massiven Betonplatte abgedeckt.

Für die Verhüttung der Metalle ist seit Jahrtausenden Holzkohle benötigt worden. Die nächste Station zeigt einen rekonstruierten **Holzkohlenmeiler** und eine **Köhlerhütte**. Es ist spannend, sich hier die Arbeit und das Leben eines einsamen Köhlers im Wald vorzustellen. 5 Zunächst musste eine ebene Fläche von 6-9 Metern Durchmesser hergestellt werden. Auf ihr wurden anschließend Holzscheite in Form einer Kuppel oder eines Kegels aufgeschichtet, in der Mitte blieb ein Luftkanal offen. Die Außenseite deckte der Köhler mit Erdreich, Grassoden oder Moos ab und zündete den Stapel dann an. Der **Brennvorgang** konnte sich **bis über drei Wochen** erstrecken. Während dieser Zeit galt es, die Luftzufuhr so zu regeln, dass zwar

Wenig komfortabel wohnte der Köhler mitten im Wald ...

… nahe seiner Arbeit, denn der brennende Holzkohlenmeiler musste ständig beaufsichtigt werden.

Feuchtigkeit und Holzgase ausgetrieben wurden, die entstehende Holzkohle aber nicht weiter zu Asche verbrannte. Da der Köhler sich also immer in der Nähe des Meilers aufhalten musste, baute er sich dort eine einfache Wohn- und Schlafhütte. Übrigens findet man in den Wäldern des Bergischen Landes an vielen Stellen noch diese charakteristischen Köhlerplattformen.

Hundert Meter weiter treffen wir auf einen **mittelalterlichen Renn-**
6 **feuerofen**, der nach einem Ausgrabungsbefund rekonstruiert wurde. Um hierin nur 1 Kilogramm Eisen zu erzeugen, benötigte man 8 Kilogramm Holzkohle, die aus 30 Kilogramm Frischholz hergestellt wurden. Von oben wurde der Ofen abwechselnd mit Schichten von Erzstückchen und Holzkohle befüllt. Je nach Ofengröße dauerte der Brennvorgang 5-20 Stunden, dabei erreichten die Temperaturen im Ofen 1200°-1300° C. Die Schlacke floss ab und das metallische Eisen konnte nur durch Zerstörung der Ofenwand herausgeholt werden. Diese so genannte Luppe, der Eisenkuchen, war noch stark mit Holzkohle und anderen Stoffen verunreinigt, sodass die Luppe in einzelnen Stücken an

Früher standen hunderte solcher Rennfeueröfen in den Wäldern des Bergischen Landes.

Schmiedefeuer und Amboss ausgeschmiedet wurde, um kompakteres, reineres und härteres Barreneisen zu erhalten.

Mit einer Taschenlampe hat man einen guten Einblick in den Stollen.

Stollen Zwischenfeld heißt die nächste Station. Sie zeigt uns ein Beispiel der vielen erfolglosen Versuchsstollen. Auch hier verhilft die Taschenlampe zu tieferen Einsichten. Das Stollenmundloch ist komplett rekonstruiert, in Form des Deutschen Türstocks in Eiche, was hier dem historischen Vorbild aus dem 18. Jahrhundert entspricht. Zurück und an einem **alten Verhüttungsplatz** vorbei, wo wir mit ein wenig Glück noch **Schlackereste finden** könnten, gehen wir ins Tal. Unten treffen wir auf den **Tiefen Stollen** des Eisenbergs, dessen Eingang zusammengestürzt ist. Wir sehen aber eine lange, kerbenartige Hohlform sich in den Hang ziehen, an dessen Fuß **rotbraun gefärbtes Wasser** austritt. Die Färbung entsteht durch einen hohen Gehalt an Eisenoxid und weist darauf hin, dass dieser Untersuchungsstollen den Erzgang getroffen hat. 7 8 9

An den Fischteichen vorbei führt unser Weg zur Talstraße im **Rosbachtal**. Dieses ausgedehnte Naturschutzgebiet ist ein typisches Mittelgebirgsbachtal des Bergischen Landes. Gleich nördlich der Teiche lag das Stollenmundloch des **Tiefen Stollens der Grube Silberhardt** von 1820. Auch hier ist nur noch ein **Austritt von rotem Wasser** zu erkennen. Wir gehen an der unteren Station 10

Das Naturschutzgebiet Rosbachtal ist ein schönes Wanderrevier.

Am unteren Bremsberg kann man einen alten Förderwagen betrachten.

11 des Bremsberges der Grube Eisenberg vorbei und machen einen
kleinen Abstecher zum Friedhof von Öttershagen. Hier wurde ein
mächtiger Stein aus dem Abbaubereich der alten Grube Eisenberg
12 als **Gedenkstein** für Kriegsgefallene gestaltet. Er besteht überwie-
gend aus **rostbraunem Brauneisenstein**, weist aber auch Spuren von
Mangan auf.

Die letzte Station des Wanderweges sind Reste der terrassenför-
13 mig angelegten **Erzaufbereitungsanlage für die Grube Silberhardt** aus
dem ersten Drittel des 20. Jahrhunderts. Hier wird echte **Industrie-
archäologie** betrieben, denn da noch keine Baupläne der Anlage gefunden wurden, versuchen die Initiatoren des Montan-Wanderweges, den Befund anhand ähnlicher bekannter Anlagen zu interpretieren. Wenige Minuten später haben wir wieder den Ausgangspunkt der Wanderung erreicht. Direkt am Stolleneingang der Grube Silberhardt befindet sich die letzte Infotafel, die ein historisches Foto der gesamten Anlage von ca. 1870 zeigt und die Betriebsgeschichte kurz zusammenfasst.

Hier wohnte früher der Obersteiger der Grube Silberhardt.

Adressen in und um Windeck

Rosbachtal
Ein Faltblatt über das Naturschutzgebiet Rosbachtal mit Wanderwegen und Sehenswürdigkeiten ist erhältlich bei:
Verkehrsverein Windecker Ländchen e.V., Tel.: 02292-19433

Heimatmuseum Altwindeck
Im Thal Windeck / 51570 Windeck-Altwindeck
Info-Tel.: 02292-19433 / **Heimatmuseum**: 02292-3888
Geöffnet: April-November: Sa 14-18 Uhr / So und Feiertag 10-12 und 14-18 Uhr
Februar-März: So und Feiertag 14-18 Uhr
Eintritt: Erwachsene: 2,00 € / Kinder: 1,00 € / Familien ab 4 Pers. 5,00 €
Sonderführungen für Gruppen ab 15 Personen nach Vereinbarung
Gruppenermäßigung ab 15 Personen: Erwachsene: 1,75 € / Kinder: 0,75 €
plus einmaliger Sondergebühr von 10 €

Gedenkstätte „Landjuden an der Sieg"
Diese Gedenkstätte erinnert an das Leben der Juden im Siegtal (seit dem 13. Jahrhundert) und an den Untergang ihrer Gemeinden im „Holocaust".
Bergstraße 9 / 51570 Windeck-Rosbach
Info: Kreisarchiv des Rhein-Sieg-Kreises / Tel.: 02241-132567
Geöffnet: jeden Mittwoch jeweils 14-16 Uhr
jeden 1. und 3. Sonntag im Monat 14-16 Uhr
Eintritt frei

Bildnachweis

Deutsches Klingenmuseum: Seite 52, 53 oben, 54 oben, 54 unten (Foto: Transglobe Agency). 55, 56, 58 oben

Freizeitpark Blauer See: Seite 19, 20

Fuhlrott-Museum, Wuppertal: Seite 41, 42 oben

Gemeinde Lindlar: Seite 119, 120 (Fotos: Horst Henrychowski)

Gemeinde Engelskirchen: Seite 134 (Foto: Harald Prehn)

Grümer, Wolfgang: Seite 153 unten, 154, 155, 157

Kistemann, Eva: Seite 6, 7, 24, 28, 29, 31-34, 36-40, 42 unten, 43-46, 47 unten links, 48, 62 oben, 64, 66-76, 78, 80-90, 92, 94-106, 162, 164-172

LVR/Bergisches Freilichtmuseum Lindlar: Seite 108, 112, 115 oben, 116, 118

LVR/RIM Cromford: Seite 8 (Foto: Andreas Schiblon), 10 (Foto: Andreas Schiblon), 11, 12 (Foto: Jürgen Hoffmann), 14 oben (Foto: Jürgen Hoffmann), 15 (Foto: Andreas Schiblon), 16 (aus: "Petit Courrier des Dames"), 17, 18 (Foto: Andreas Schiblon)

LVR/RIM Engelskirchen: Seite 122, 124, 125 oben, Seite 125 unten (Foto: Jürgen Hoffmann), 126, 127 oben, 128 (Foto: Jürgen Hoffmann), 129, 130 (Foto: Andreas Schiblon)

Museum Achse, Rad und Wagen: Seite 136, 138, 139, 140 oben u. unten links und rechts, 141-145

Neanderthal Museum: Seite 22, 25, 26, 30

Gerd Neumann, Medienzentrum Wuppertal: Seite 47 unten rechts

NRW-Stiftung Düsseldorf: Seite 57 oben

Schäfer, Lenore: Seite 13, 14 unten, 53 unten, 57 unten, 58 unten, 59-61, 62 unten, 110, 111, 113, 114, 115 unten, 117, 127 unten, 131-133, 140 unten Mitte, 148 oben, 150, 151,153 oben, 156, 158-160

Stadt Wiehl: Seite 146, 147, 148 unten